A2 in a Week

French

D1076115

Florence Calion,
Abbey College, Birmingham

Series Editor: Kevin Byrne

Where to find the information you need

SUCCESS OR YOUR MONEY BACK

Letts' market leading series *A2 in a Week* gives you everything you need for exam success. We're so confident that they're the best revision books you can buy that if you don't make the grade we will give you your money back!

HERE'S HOW IT WORKS

Register the Letts *A2 in a Week* guide you buy by writing to us within 28 days of purchase with the following information:

- Name
- Address
- Postcode
- Subject of *A2 in a Week* book bought

Please include your till receipt

To make a **claim**, compare your results to the grades below. If any of your grades qualify for a refund, make a claim by writing to us within 28 days of getting your results, enclosing a copy of your original exam slip. If you do not register, you won't be able to make a claim after you receive your results.

CLAIM IF...

You are an A2 (A Level) student and do not get grade E or above. You are a Scottish Higher level student and do not get a grade C or above.

This offer is not open to Scottish students taking SCE Higher Grade, or Intermediate qualifications.

Letts Educational
Chiswick Centre
414 Chiswick High Road
London W4 5TF

Tel: 020 8996 3333
Fax: 020 8742 8390
e-mail: mail@lettsed.co.uk
website: www.letts-education.com

Registration and claim address:

Letts Success or Your Money Back Offer, Letts Educational, Chiswick Centre, 414 Chiswick High Road, London W4 5TF

TERMS AND CONDITIONS

1. Applies to the Letts *A2 in a Week* series only
2. Registration of purchases must be received by Letts Educational within 28 days of the purchase date
3. Registration must be accompanied by a valid till receipt
4. All money back claims must be received by Letts Educational within 28 days of receiving exam results
5. All claims must be accompanied by a letter stating the claim and a copy of the relevant exam results slip
6. Claims will be invalid if they do not match with the original registered subjects
7. Letts Educational reserves the right to seek confirmation of the level of entry of the claimant
8. Responsibility cannot be accepted for lost, delayed or damaged applications, or applications received outside of the stated registration/claim timescales
9. Proof of posting will not be accepted as proof of delivery
10. Offer only available to A2 students studying within the UK
11. SUCCESS OR YOUR MONEY BACK is promoted by Letts Educational, Chiswick Centre, 414 Chiswick High Road, London W4 5TF
12. Registration indicates a complete acceptance of these rules
13. Illegible entries will be disqualified
14. In all matters, the decision of Letts Educational will be final and no correspondence will be entered into

Every effort has been made to trace copyright holders and obtain their permission for the use of copyright material. The authors and publishers will gladly receive information enabling them to rectify any error or omission in subsequent editions.

First published 2001
New Edition 2004

Text © Florence Coulon 2001
Design and illustration © Letts Educational Ltd 2001

British Library Cataloguing in Publication Data
A CIP record for this book is available from the British Library.

ISBN 1 84315 365 3

Cover design by Purple, London

Prepared by *specialist* publishing services, Milton Keynes

Printed in Italy

Letts Educational Limited is a division of Granada Learning Limited, part of Granada plc

10 minutes

Test your knowledge

Speaking

1 Choosing an article as stimulus for your chosen issue will help you to p_____ and d_____ the issue. But remember, the stimulus has to be in F_____ and will act only as a s_____ .

2 When discussing further issues, you must be able to demonstrate your ability to debate. What other types of abilities must you show? Give six of them.
You must also be prepared to answer _____ questions.

Les Français et la religion

3 Est-ce-que la famille française est plutôt traditionnelle ou moderne?

4 Quelle est la religion la plus importante en France?
Quelle autre religion devient très populaire en France?

Asking questions

5 How many ways of asking questions are there in French?

6 Give nine question words.

Answers

1 present/discuss/French/springboard 2 argument/justify/show initiative/ develop/use abstract language/respond appropriately/unpredictable 3 traditionnelle 4 le catholicisme/l'Islam 5 three 6 qui/que/quel(le)/lequel (laquelle)/où/quand/pourquoi/comment/combien

✔ **If you got them all right, skip to page 8**

3

25 minutes

Improve your knowledge

Speaking (based on a French stimulus)

In *AS in a week*, you have been introduced to some key features of how to improve your speaking skills. However, at that time, you had to concentrate on either a role-play (with guidance), a prepared oral topic and/or a general conversation.

Generally, these types of assessment were guided and predictable. You were aware of issues to be raised. But, this year the oral examination is more unpredictable and therefore will target your general knowledge of French issues and assess your ability to cope without 'rehearsal'.

You must be prepared to deal with unpredictable situations. Imagine that you are in a French café with a group of French people debating various topics.

1   The article

There is no obligation to select an article referring to the chosen issue but it is advisable as you can refer to it and use it as a springboard.

What are the advantages of using an article?

- It can give you an idea of the issue to raise.
- It possesses a range of key words/phrases in context which guide you in your research of synonyms or similar phrases.

Remember: the article is only acting as a springboard and it would not be wise to spend too much time presenting it. Instead summarise the contents, stressing the main issue and any key points, keeping detail to a minimum. The presentation of the chosen issue must be brief and you must defend and justify all your statements at any time.

Avoid referring to detailed figures or unknown names: nobody will remember them!

Consider the three following features of the chosen article:

- the introduction
- the headlines/titles
- the questions.

The introduction is usually in bold type and represents the summary of an article.

The headlines and titles tend to be the key points of the main issue and give you information on the content of the article.

The questions also act as guidance for the next key point to be discussed.

At this stage, you should start seeing 'through' the article and be able to foresee any possible further issues resulting from the main theme. You must debate and argue these issues with the examiner. Take a stance! You are in charge.

2 Further issues (leading to a discussion)

Very rapidly, the examiner will widen the discussion to include related or unrelated issue(s), different from what you have chosen. You must be prepared to respond accordingly, which means that you should show understanding in your response. You should keep debating with constant justification. Your ability to handle the French language should be of near native standard.

The good news is that these issues will not require any factual knowledge on France or the French culture. In other words, apart from the need for research on the chosen issue, you will be especially assessed on how well you cope with unpredictable situations.

You must be able to:

• debate
• argue
• justify your point of view
• respond appropriately.

You must show:

• initiative
• an ability to develop your answers
• abstract language.

You must:

• speak accurate French
• use a wide range of vocabulary and structures
• have good pronunciation and intonation.

Les Français et la religion

3 La famille française

Bien qu'il y ait maintenant un éclatement de la famille, la majorité des Français soutiennent l'idée de la famille comme 'cellule de base de notre société'. Malgré certaines crises apportées par cette même société, comme 'le rejet de l'autorité parentale' en 1968, l'émancipation des femmes après la deuxième guerre mondiale ou maintenant les changements dus au travail (mutations, déménagements), la famille continue de jouer un rôle important.

On peut expliquer cet état d'esprit avec la devise de l'Etat français entre 1940–1944 qui était: 'Travail, Famille, Patrie'.

Une devise = a motto

La famille française reste traditionnelle: l'éducation demeure très importante dans l'âme familiale. En effet, par rapport aux enfants, les parents sont éducateurs avant tout et s'assurent de la transmission des traditions.

Les réunions familiales sont sacrées. Malgré la libération des mœurs, le divorce par consentement mutuel, les mariages en baisse depuis les années 70, la montée du divorce, le système de cohabitation et les familles monoparentales, les Français aiment se réunir pour des événements gastronomiques ou les vacances.

4 La religion en France

Environ 80% des Français sont catholiques mais le catholicisme est moins populaire de nos jours. Les Français ne vont plus aussi souvent à l'église, plus particulièrement, à la messe du dimanche. Bien que l'Eglise soit devenue plus libérale, les catholiques montrent encore une certaine rigidité surtout dans le domaine des droits de la femme (droit à la contraception réprouvé par le pape actuel, droit à l'avortement, ou encore l'arrivée de la pilule abortive dont ont presque été privées les Françaises en 1988). Beaucoup ont perdu la foi et s'ils vont à l'église, c'est surtout pour des événements spéciaux comme les mariages, enterrements, communions … par tradition. Certaines cérémonies religieuses sont encore en force comme le baptême ou la communion solennelle. Si la famille est croyante, les enfants vont au catéchisme.

Un enterrement: funeral
Perdre la foi: to lose faith
Être croyant(e): to be a believer
Le baptême: christening
Le catéchisme: Sunday school

On a vu apparaître ces dernières années une petite minorité de Français ou d'étrangers vivant en France, tentés par l'intégrisme religieux et plus particulièrement la montée de la religion islamique qui est venue se placer au deuxième rang des religions existantes principalement due à l'immigration des musulmans.

Il faut se souvenir de 'l'affaire du port du foulard islamique' à l'école publique et laïque dans les années 80 qui était devenue un événement national.

L'intégrisme: fundamentalism (strict adherence to the fundamental principles of any set of beliefs)

Un foulard: a scarf

Laïque: non-religious

Grammar: asking questions

5 Ways of asking questions in French

You have three options: a) raise your voice at the end of the sentence; b) use 'Est-ce que' + subject + verb; c) invert subject and verb: verb + subject.

Raising your voice

Example: 'Tu es catholique?'

In writing, a question mark is added to show the difference between a statement (affirmative) and a question. When speaking, it is necessary to raise one's voice at the end of the sentence, or it could be mistaken for a statement.

Your question should be formed as follows: subject + verb.

Using 'Est-ce que'

'Est-ce que' does not have a particular meaning in English. It is a phrase used to introduce a question. It should always be formed as follows: est-ce que + subject + verb.

Example: Est-ce que tu vas à la messe dimanche?

Inverting subject and verb

A third possibility is to invert subject and verb.

Example: Vas-tu à la messe dimanche?

The question should be formed as follows: verb + subject.

You cannot have: Est-ce que + verb + subject.

Be careful: the letter t must be added between the verb and the subject if the verb ends with a vowel and the subject starts with a vowel.

Example: Va-t-il à la messe dimanche? Note the use of hyphens.

6 Question words

They are: qui – que (qu' + vowel) – quel(le) – lequel (laquelle) – où – quand – pourquoi – comment – combien.

They can all be used with 'Est-ce-que' but note the following necessary changes:

Qui: Qui est-ce-que tu regardes? (Who are you looking at?)

Note: 'tu' is the subject, 'qui' is the object.

But: Qui est-ce-qui parle? (Who is talking?)

Note: 'qui' is the subject and consequently 'est-ce-qui' is used instead of 'est-ce que'.

Que: Qu'est-ce-que tu lis? (What are you reading?)

But: Que lis-tu? (inversion)

Note the use of the apostrophy.

Quel and lequel must agree in gender and number with the noun they refer to.

Quel: Quelles chaussures est-ce-que tu vas acheter? (Note: the noun must follow 'quel'.)

Lequel: Lesquelles est-ce-que tu vas acheter? (Note: the noun is not needed.)

45 minutes

Use your knowledge

Speaking

En utilisant cet article, présentez le thème de la religion en France et essayez d'imaginer d'autres sujets de discussions résultant de ce thème et de l'article.

Religion *Jean-Pierre Chevènement réunit ce matin dix-huit musulmans et une femme.*

Jean-Pierre Chevènement devrait recevoir ce matin, place Beauvau, la quasi-totalité des dix-huit organisations ou personnalités qu'il a contactées le 29 octobre dernier, en vue de l'organisation du culte musulman en France. Le ministre de l'Intérieur a estimé, avec optimisme, que 'ce moment fort confirmera l'intégration officielle du culte musulman dans le cadre de la laïcité républicaine, aux côtés des trois autres cultes traditionnels et en pleine égalité avec eux.' Parmi les personnalités invitées, une seule femme, Bétoule Fekkar-Lambiotte, présidente de Terres d'Europe. Elle répond à nos questions.

Pourquoi avez-vous accepté de participer à la consultation proposée par J-P Chevènement?

Musulmane pratiquante, j'ai vu là une chance à saisir pour l'organisation de l'islam en France. J'ai signé

UNE CHANCE À SAISIR POUR L'ISLAM

la 'déclaration d'intention relative aux droits et obligations des fidèles du culte musulman en France'. En effet, pour un musulman comme pour tout citoyen de ce pays, respecter les lois de la République c'est le moins que l'on puisse faire. La dispersion dans laquelle se trouvent les musulmans de France exige que nous ayons une structure de concertation. Ce qui ne signifie pas gommer les différences entre nous, ni perdre la liberté de nos points de vue. Mais il n'est plus tenable que les musulmans soient des citoyens à part.

Ne sont-ils pas eux aussi responsables de cette inorganisation de l'islam?

Je m'en désole. Il n'y a pas lieu d'être fiers, lorsque nous sommes imputés des attentats et des excès de toutes sortes.

Croyez-vous à une réelle volonté de concorde parmi les musulmans de France?

Nous nous y attelons.

Actuellement circule une pétition pour un statut de l'islam en France. Elle recueille un vif succès.

Quels sont les sujets prioritaires?

Ma préoccupation est de sensibiliser les corps sociaux, et d'abord l'enseignement. La religion doit pouvoir être correctement enseignée aux jeunes.

D'autre part, dans les prisons, les femmes et les jeunes notamment sont privés d'aumôneries. Enfin, il faut former des imans.

Prétendez-vous à un rôle représentatif?

Jamais de la vie! Je n'entends pas exploiter l'honneur qui m'a été fait d'être invitée à jeter les bases d'une organisation de l'islam en France. Je suis plus fière d'être musulmane que d'avoir été ainsi consultée. Parce que je suis musulmane, démocrate et algérienne, je souhaite un islam tolérant, respectueux d'autrui.

Le Figaro, février 2000

Grammar: asking questions

Trouvez un question pour chacune des réponses suivantes. Formulez-la avec 'est-ce que' puis en inversant le sujet et le verbe.

Example: Je vais à Paris ce week-end.
Où est-ce-que tu vas ce week-end?
Où vas-tu ce week-end?

1 Tu verras, il est grand et très beau.

2 J'ai décidé de travailler parce que j'ai besoin d'argent.

3 Nous partirons demain matin, le plus tôt possible.

4 Je préfère la robe bleue.

5 Non, je ne suis pas content d'avoir pris cette décision.

6 Je suis en train d'étudier.

7 L'université se trouve assez loin d'ici.

8 Son frère vient d'arriver.

9 Cette jumelle est la plus intelligente des deux.

10 Oui, ils sont tout à fait du même avis.

Translate the sentence

Consider the word/phrase in red

Find the question in English

Translate the question in French

10 minutes

Test your knowledge

1 **Speaking** (based on an English stimulus)

Reporting the contents of an article written in English into French is purely and simply translating. Do you agree? Answer yes or no.

2 The task is to s_____ the contents from one language into another. It is a good idea to keep the logical order of the events but it is not n_____ . One particular grammatical point is often used in reporting tasks. Which one?

Le féminisme en France

3 L'histoire et l'évolution du féminisme:
Est-ce que la lutte pour la libération sociale et sexuelle de la femme a commencé tôt ou tard en France?
En quelle année est-ce que les Françaises ont eu le droit de voter:
a) 1919
b) 1946
c) 1960?

4 Le féminisme actuellement:
Qu'est-ce qui a été créé entre 1981 et 1986 par les Socialistes pour respecter les droits de la femme en France?

Negative sentences

5 A typical negative sentence in French should be formed with ne and an a_____ .

6 What phrase partly formed with ne appears to be negative but, is in fact affirmative?

7 In a sentence, should ne always be placed before the main verb?

Answers

5 adverb 6 'ne ... que' 7 no
3 tard/1946 4 Un Ministère des Droits de la Femme
1 no 2 summarise/necessary/indirect speech

✔ If you got them all right, skip to page 15

Speaking/Reporting and Discussing Negative Sentences

50 minutes

Improve your knowledge

Speaking/reporting and discussing (based on an article in English)

This task is about conveying information from a short text in English and discussing that information, and any related issues, with the examiner in French. The contents of the stimulus should not be totally unknown as it refers to topics studied through the year, but, unlike with the speaking test at AS level, no guidance is provided. It is down to you!

Key points from
AS in a Week

Summary skills
pages 15–16

Speaking skills
page 32

Direct/indirect
speech pages 33–4

1 The text

As you already know, the text is in English and therefore there is a tendency to think that half of the work is already done, which is reading and understanding the contents. Do not be fooled! These articles may be short but they can sometimes be tricky! If you misunderstand the story in English, you are bound to get it wrong in French. Moreover, once you have familiarised yourself with the task, do not be tempted to translate literally. This is a common error which may lead to a 'bizarre' story in French. Remember: you will not be assessed on your ability as a translator but, instead, on your ability to convey the necessary information and discuss any ideas and views related to it. Your work is based on summarising the contents of the text, hence to act as an interpreter rather than as a translator.

Be an interpreter, not a translator!

Do not translate! Summarise and convey the appropriate information orally!

2 The task

It is perfectly alright to start looking for the key points/ideas in English as, by doing so, you will avoid the risk of translating literally. But from the moment you have your summary in English, be prepared to work in French.

Consider the following approach:

You have your summary in English: you may want to keep each important piece of information in the order of the text or you may want to change the sequence of events. Although the second option is more adventurous, it is a better approach as it shows ability on your part to manipulate the language efficiently.

At this stage, there is a translating process which is not literal any more, as you are working with your summary, not the text. Transfer the summary into French.

From now on you need to work entirely in French: study the words/phrases/sentences carefully and try to 'remodel' the contents by using synonyms.

Finally, take into consideration the following: a) use linking words/phrases in your reporting task; b) be capable of transferring from direct to indirect speech if needed – make sure that you are familiar with 'la concordance des temps'; c) consider the importance of details – avoid reporting unnecessary detail.

Le féminisme en France

L'histoire et l'évolution du féminisme: la lutte pour la libération sociale et sexuelle de la femme en France a commencé tard et principalement après la deuxième guerre mondiale, avec la Constitution de 1946, qui a 'donné' aux femmes des droits égaux au travail et civiques avec le droit de vote. Le slogan 'A travail égal, salaire égal' est alors apparu. Malgré cette lenteur à reconnaître l'existence de la femme française en tant que citoyenne, il est intéressant de remarquer que c'est une femme qui représente la République Française: Marianne! (voir illustration)

Marianne représente la République Française

Son buste se trouve dans chaque mairie de France.

Son portrait apparaît sur les timbres français. Son visage a changé avec les années.

Cependant, on la reconnaît grâce au bonnet phrygien.

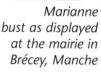

Le bonnet phrygien = conical cap, red which became a symbol of liberty during the French Revolution.

En 1964, les dernières inégalités sont rectifiées en ce qui concerne le divorce et le droit à la propriété. De plus, la femme actuelle a la possibilité de pouvoir 'organiser' sa vie grâce à l'arrivée de la contraception, au droit à l'avortement ou encore aux traitements hormonaux. Malgré ces changements positifs à l'évolution du sexe féminin, il continue à être vu comme un sujet d'exploitation et les préjugés persistent surtout dans le monde du travail. Encore, de nos jours les femmes perçoivent des salaires inférieurs à ceux de leurs collègues masculins et il est beaucoup plus difficile pour elles d'obtenir un avancement professionnel.

Marianne bust as displayed at the mairie in Brécey, Manche

Entre 1981 et 1986, le gouvernement français (socialiste) a créé un Ministère des Droits de la Femme pendant lequel Yvette Roudy (ministre des droits de la femme) a fait voté la loi du 13 juillet 1983 sur l'égalité professionnelle entre les femmes et les hommes.

Entre 1986 et 1988, le gouvernement de Chirac a aboli ce ministère et il a été remplacé par un 'Secrétariat d'Etat aux Droits des Femmes'.

Il a toujours existé en France des femmes célèbres qui se sont battues pour le féminisme: écrivaines ou femmes politiques. Voici quelques noms importants dans l'histoire du féminisme en France:

Colette (nom complet: Sidonie Gabrielle Claudine Colette) née en 1873, décédée en 1954, romancière. Elle a écrit *Chéri* (1920), *Gigi* (1944) et la séries des *Claudine*. Colette était connue pour se comporter comme les hommes (elle fumait et portait des pantalons).

Simone de Beauvoir: née en 1908, décédée en 1986. Ecrivaine existentialiste et féministe qui a écrit *Le sang des autres* (1944), *Le deuxième sexe* (1949) et *Les mandarins* (1954).

Marguerite Duras: son vrai nom était Marguerite Donnadieu. Cette romancière, née en Indochine en 1914 et décédée en 1996, a écrit *The Sea Wall* (1950), *Practicalities* (1990), *Écrire* (1993) et le script pour le film *Hiroshima mon amour* (1960).

Simone Veil: femme politique née en 1927, présidente du Parlement Européen entre 1979 et 1982, c'est une battante qui a survécu les camps de concentration en Allemagne.

La position des femmes est devenue plus particulièrement importante dans la vie politique française. Ainsi, un projet de loi qui a été discuté cette année obligera les partis politiques à avoir la moitié de leurs candidats du sexe féminin pour représenter les élections législatives et municipales. Ce projet sera mis en vigueur en 2001 et 2002 et devra être respecté sous peine de sanctions financières. Le Parti Socialiste est à la tête de ce changement, surtout Lionel Jospin qui est en faveur de la parité. Malgré tout, la présence des femmes dans les partis politiques français est encore en minorité, comme le prouve le graphique ci-dessous.

Un projet de loi = a bill (in politics)

Une élection législative/municipale = general/local election

La parité = l'égalité

Le hit parade des partis :
encore un long chemin pour atteindre la parité...

Répartition par sexe des candidats présentés aux législatives de 1997 — Hommes — Femmes

	Hommes	Femmes
Écologistes (Verts + Génération Écologie et divers écologie)	72,3 %	27,7 %
Parti Socialiste + PRG	73,4 %	26,6 %
PCF	73,2 %	26,8 %
UDF	91,1 %	8,9 %
RPR	92,3 %	7,7 %
Front national	87,9 %	12,1 %

Le Figaro magazine, samedi 29 janvier 2000

Negative sentences

5 A typical negative sentence in French should be formed with ne/n' and a negative adverb. These are mainly: pas/plus/jamais/rien/personne/nulle part/aucun(e)/ni … ni/guère…

Example: Je ne parle pas beaucoup de langues étrangères.
I do not speak a lot of foreign languages.

Nous n'avons plus d'argent.
We have no more money.

Il ne discute jamais avec les femmes.
He never argues with women.

Vous n'avez rien acheté pour vos enfants.
You have not bought anything for your children.

Je n'ai vu personne hier.
I did not see anybody yesterday.

Nous ne sommes allés nulle part l'année dernière.
We did not go anywhere last year.

Je n'en ai aucune idée.
I have no idea.

Elle ne veut ni danser ni chanter.
She does not want either to dance or to sing.

Il n'a guère de courage.
He does not have much courage.

6 Note that the expression ne … que is in fact the equivalent of seulement.

Example: Je ne travaille que trois heures par jour.
Je travaille seulement trois heures par jour.
I only work three hours a day.

7 Generally, ne is placed before the main verb or the auxiliary, but in certain cases, it will appear after the main verb. Study the following examples:

Je préfère ne pas discuter: I prefer not to argue.

Je souhaite ne rien dire: I wish not to say anything.

30 minutes

Use your knowledge

Speaking

You are on holiday with a French friend in England and you have read the following article in English. Your friend, who cannot read English, would like to know what the article is about. Therefore, you must tell him/her about the contents and the main points of the story in French. Remember that it is not a translation exercise!

Views split: he's out of line; she's a wimp by Nicholas Watt

John Prescott yesterday mocked his French counterpart, Dominique Voynet, after she accused him of 'deeply macho' behaviour when the climate change conference collapsed in the Hague at the weekend.

'I am accused of being a macho man,' the Deputy Prime Minister joked in the Commons. 'Moi? I must say the remark leaves me most gutted.'

His sarcastic response amused MPs across the house. But they were divided on whether Mrs Voynet was right to brand Mr Prescott a male chauvinist after he said she had got 'cold feet' and was 'too tired' in the final talks. Jackie Ballard, Liberal Democrat MP for Taunton, welcomed Mrs Voynet's attack on the Deputy Prime Minister. 'John Prescott is male chauvinism incarnate,' she said. 'His remarks about how Mrs Voynet could not cope with the negotiations were incredibly offensive. I bet he would not have said [that] to a male minister. He is a bruiser and not a peace maker.'

Ms Ballard added that such negotiating sessions were a product of male dominated politics. 'It is macho to stay up all night to push for a better deal in negotiations. It never works because when people are tired they are fractious. Those sort of negotiations are typical of male dominated institutions that are all about appearing to be tough.'

A senior woman Labour MP said: 'John Prescott is a male chauvinist pig. He is the worst in the cabinet. He has a chip on his shoulder which is agitated by successful women.'

But Mr Prescott won strong support from a former Conservative minister who once reduced her male Belgian counterpart to tears during an all-night negotiating session. Gillian Shephard said that Mrs Voynet had done a disservice to women by rounding on Mr Prescott for macho behaviour.

'I am sure John Prescott is macho, as I was when I reduced the Belgian agriculture minister to tears,' Mrs Shephard said.

The episode showed women were capable of punching just as hard as men during long bargaining sessions, she said.

'You use whatever tactics it takes in negotiations. If that means long sittings and

> back-breaking negotiations, then so be it. To use the feminist argument is not helpful to women and to the French.'
>
> Lorna Fitzsimons, the Labour MP for Rochdale, agreed. European negotiations were always tough going, she said, and 'It is a cheap shot to accuse John Prescott of chauvinism when he was just trying to get the best deal'.
>
> © The Guardian, Tuesday 28th November 2000

Negative sentences

Récrivez les phrases suivantes en vous servant des expressions entre parenthèses, puis traduisez-les en anglais.

1. Il est parti hier matin. (*ne … pas*)
2. Nous avons énormément d'argent à la banque. (*ne … guère*)
3. Tu as une dissertation à écrire. (*ne … que*)
4. Il y aura du monde ce soir pour la fête. (*ne … personne*)
5. Je préfère sortir ce soir. (*ne … pas*)
6. Mes parents ont beaucoup de connaissances. (*ne … aucun/e*)
7. Ils ont fait des choses extraordinaires. (*ne … rien*)
8. Il reste encore beaucoup de livres à vendre. (*ne … plus*)
9. Vous êtes intelligente et douée. (*ne … ni … ni*)
10. Nos voisins sont toujours très polis. (*ne … jamais*)

You may find it necessary to change certain words when the sentence becomes negative

Be careful with the letter 'y' and the negative

10 minutes

Test your knowledge

Interpreting

1 Interpreting requires a wide range of _____ skills.

2 Why are reformulation and paraphrases two important features of interpreting?

Le style de vie des Français et leur santé

3 Le système médical en France:
Est-ce que le système médical français est semblable à celui de la Grande-Bretagne?
Qu'est-ce que la Sécurité Sociale?

4 Les Français et leur santé:
Vrai ou faux: les Français sont les plus gros consommateurs de tranquillisants et de somnifères du monde?
Le ————————- est la deuxième cause de mortalité parmi les jeunes de 15 à 24 ans.

Demonstrative/possessive pronouns and adjectives

5 Possessive adjectives and pronouns:
Possessive adjectives and pronouns must agree with the ————— to which they refer.
Possessive pronouns only need to be preceded by three articles: which ones?

6 Demonstrative adjectives and pronouns:
What is the masculine singular demonstrative pronoun?
What is the feminine singular demonstrative adjective?

Answers

1 linguistic 2 because they express a statement or text in other words in order to clarify 3 non/equivalent of the NHS 4 vrai/suicide 5 noun/le-la-les 6 celui/cette

✔ **If you got them all right, skip to page 23**

50 minutes

Improve your knowledge

Interpreting (in both languages)

In *AS in a Week*, you have been given hints on how to translate efficiently. However, you were dealing with written translation from French into English. This time, you are required to show your ability to translate orally and in both languages.

You will be acting as an interpreter between a speaker of French and a non-speaker of French. You will have to carry out a straightforward interpreting task!

Because you will be given only a short time to prepare, it is crucial that you become familiar with the skill of interpreting!

1 Interpreting requires a wide range of linguistic skills and knowledge such as: grammar, structures, vocabulary, idiom and more particularly the listening skill. Indeed, it is of prime importance to listen carefully, especially when the information to convey is from French into English. On the other hand, when translating from English into French, the emphasis must be more on the accuracy of the language; but that is not to say that you should neglect the listening part of it. In other words, the interpreting task requires a complete and practical skill, which you must develop throughout your studies this year. It is a gradual process! Consider the grid.

Learning to interpret	Linguistic skills
Translating short/set phrases From French into English (e.g.: Je suis désolé) From English into French (e.g.: I do not know)	Basic listening skills Use of basic vocabulary/phrases Main grammatical points/tenses
Translating short dialogues From French into English (e.g.: Bonjour. Enchanté de faire votre connaissance. Vous venez d'arriver? Vous avez fait bon voyage? …) From English into French (e.g.: Good morning! Would you like a drink? Have you visited England before?)	Attentive listening (awareness of different tenses in dialogues/key words and structures) Specific phrases/lexical items in context
Translating longer and more complex dialogues From French into English From English into French	Concentration on listening (with more information to absorb) More complex structures and use of idioms. Good use of grammar. Good range of vocabulary.

2 You do not have to convey the information word for word, which could prove to be difficult in long dialogues, but you must ensure that you convey the correct information, even if that means using a different type of vocabulary and employing synonyms. What matters is the end product, which is the correct transmission of meaning. This is when the importance of paraphrasing and reformulation occurs and when you need to have as much vocabulary/idioms/grammatical structures under your belt as you possibly can.

It is better to provide a translation which is not as close as it should be to the original text (but close enough), rather than remaining silent. At least, you will gain some credit! Imagine that you need to translate the following phrases/sentences:

a) 'I would like to set up a company in France.'

You may not know how to convey the meaning 'to set up'. Ask yourself: what other verb could I use? Could I try a noun instead?

First, think of a different word you could use in English. In this case, you could say 'I would like to open a company in France' or 'I would like to be the boss of a company'.

b) 'Can I give you a lift to your hotel?'

If you have to translate idioms such as 'to give a lift', it can be tricky and you may want to rephrase this in English. For example, you could say 'Can I take you to your hotel?' or 'Can I accompany you to your hotel?'

Once you have thought of alternative words/expressions it becomes easier in French.

Do not make the process of interpreting more complicated than it is: keep it simple!

Remember: when you interpret you personalise the interlocutor. Do not start with: 'he/she said that...'

Le style de vie des Français et leur santé

3 Le système médical en France:

En France, les visites médicales ne sont pas gratuites et les patients doivent payer une consultation au médecin. Par la suite, ils peuvent se faire rembourser par la Sécurité Sociale. Qu'est-ce que la Sécurité Sociale et comment fonctionne ce système?

- La Sécurité Sociale: plus souvent appelée 'la Sécu', elle a été créée en 1945-46 pour fournir des services financiers (en outre le versement d'allocations) liés à la santé, aux pensions ou encore aux congés de maternité. L'argent vient des cotisations versées par les employeurs (cotisations patronales) et les employés (cotisations salariales).

- Les médecins: ils doivent avoir le statut de médecins conventionnés, ce qui signifie que leurs honoraires sont acceptés par la Sécurité Sociale.

- Les patients: afin que leurs frais médicaux soient remboursés par la Sécurité Sociale, ils doivent compléter une fiche spéciale qui s'appelle la feuille de soins. Le remboursement est de 75% de l'honoraire du médecin et du coût des médicaments.

Sur les boîtes de médicaments, se trouvent des vignettes sur lesquelles sont inscrits leur prix. Le patient doit s'assurer qu'il colle cette vignette sur la feuille de soins. Cependant, la plupart des Français cotisent à une assurance privée, appelée une mutuelle complémentaire de façon à être remboursés intégralement.

Des honoraires = a fee/fees

4 Les Français et leur santé

La famille française moyenne estime que la santé est très importante. D'ailleurs quand ils portent un toast comme à la Nouvelle année, ne disent-ils pas: 'A votre santé'?

Cependant, ils rendent souvent visite au médecin, en moyenne 2 à 3 fois par an et *ils sont les plus gros consommateurs de tranquillisants et de somnifères du monde.* C'est une des raisons pour laquelle *la Sécurité Sociale est en déficit depuis des années.* Par conséquent, celle-ci est devenue très vigilante et elle ne paye plus pour certains médicaments qui auparavant, étaient remboursés (Example: la pilule contraceptive). Il faut noter que de 1980 à 1995, les firmes pharmaceutiques ont multiplié par quatre leur chiffre d'affaires.

Pourtant, les Français se sont aussi tournés vers d'autres formes de thérapies, essayant d'abandonner la prise de médicament et la visite chez le généraliste. Il existe maintenant en France des médecines parallèles telles que la possibilité de séjours dans les stations thermales (en Auvergnes, dans les Pyrénées, les Vosges et les Alpes) et les thalassothérapies (au bord de la mer). Ce sont des cures.

Il est vrai que les Français aiment prendre soin d'eux, pourtant certains sondages et chiffres ont révélé que ces dernières années, 1 Français sur 5 déclare ne pas se soigner par manque d'argent. La proportion est beaucoup plus forte chez les pauvres et les jeunes. De plus, le Français demeure un gros consommateur de cigarettes et d'alcool, surtout dans les régions industrialisées comme le nord de la France. Il est aussi touché par le virus du Sida qui malgré sa prévention (dépistage, trithérapie...) affecte encore entre 4000 et 6000 personnes chaque année (1 personne contaminée toutes les 2 heures: voir publicité ci-dessous).

Une station thermale: spa town
Une thalassothérapie: sea water therapy
Un généraliste: GP
Un dépistage: screening
La trithérapie: médicament vendu depuis 1996 dans les pharmacies françaises pour combattre le virus du Sida

La France est un pays qui est aussi concerné par le nombre grandissant de suicides. En effet, à l'heure actuelle, 12000 personnes se suicident par an et ce qui est le plus alarmant est le fait que c'est devenu la 2ème cause de mortalité chez les 15–24 ans (1000 suicides par an) et la 1ère cause de mortalité dans le groupe des 25–34 ans.

Marianne, 10 au 16 juillet 2000

Demonstrative/possessive pronouns and adjectives

5 Possessive adjectives and pronouns

Possessive adjectives and pronouns agree with the noun to which they refer. They also respect the formal/informal rule of 'vous' and 'tu'. In English, possessive adjectives are: my/your/his-her/our/their and possessive pronouns are mine/yours/his-hers/ours/yours/theirs. Possessive pronouns are preceded by the articles le/la/les. Study the grids:

Possessive adjectives

	My	Your (informal)	His/Her	Our	Your (formal)	Their
Singular						
Masculine	Mon	Ton	Son	Notre	Votre	Leur
	Mon livre	Ton ami	Son chien	Notre fils	Votre père	Leur oncle
Feminine	Ma	Ta	Sa	Notre	Votre	Leur
	Ma table	Ta copine (*but ton amie)	Sa souris	Notre fille	Votre mère	Leur tante
Plural						
Masculine/ Feminine	Mes	Tes	Ses	Nos	Vos	Leurs
	Mes stylos	Tes amis	Ses chats	Nos enfants	Vos parents	Leurs cousins

Ma/ta/sa become mon/ton/son before a feminine singular noun or adjective beginning with a vowel or a silent *h*.

Possessive pronouns

	Mine	Yours	His/Hers	Ours	Yours	Theirs
Singular						
Masculine	Le mien	Le tien	Le sien	Le nôtre	Le vôtre	Le leur
Feminine	La mienne	La tienne	La sienne	La nôtre	La vôtre	La leur
Plural						
Masculine	Les miens	Les tiens	Les siens	Les nôtres	Les vôtres	Les leurs
Feminine	Les miennes	Les tiennes	Les siennes	Les nôtres	Les vôtres	Les leurs

Note the circumflex accent on *nôtre(s)* and *vôtre(s)*.

Example: C'est mon chien/it is my dog becomes C'est le mien/it is mine.

6 Demonstrative adjectives/pronouns

Demonstrative adjectives and pronouns agree with the noun to which they refer.

In English, demonstrative adjectives are this/that/these/those and demonstrative pronouns are this one/that one. When demonstrative pronouns are followed by a relative pronoun (qui/que) their meaning is the one/the ones. If they are followed by de, they can indicate possession.

Study the grids:

Demonstrative adjectives

	This/That	These/Those
Masculine	Ce ce garçon (cet animal/cet homme)	Ces ces enfants
Feminine	Cette cette fille	Ces ces filles

Before a vowel or silent *h* the masculine demonstrative adjective *ce* becomes *cet*.

Note: Adding -ci and -là helps differentiate between this and that.

Examples: Ce garçon-ci/this boy

Ce garçon-là/that boy

Demonstrative pronouns

	This one/That one	These/Those
Masculine	Celui	Ceux
Feminine	Celle	Celles

As above, the suffix -ci and -là is added to make the distinction between *this one* and *that one*.

Examples:

J'aime ce roman-ci or J'aime celui-ci.

Je préfère cette robe-là or Je préfère celle-là.

Note the difference in meaning in the following sentences:

Celui qui est là-bas est mon ami.
The one who is over there is my friend.

C'est la maison de mon père: c'est celle de mon père.
It is my father's house: it is my father's.

30 minutes

Use your knowledge

Interpreting

You have three minutes to look through these instructions and think about them before listening to extract number 1 on the CD. You will hear two people (one French, one English) who need your interpreting skills to communicate with each other. They will pause after each statement to give you time to speak.

Before you start, ask their name. Now, read the content:

Two people, one French and one English, meet at a conference on health in London. They are seated at the same table. The Englishman expresses his wishes to go and live in the North of France for health reasons. The Frenchman, who is from the South of France, tries to persuade him to move there instead, as he believes it is a region more beneficial to health.

Vocabulary items you may need:
To settle down: s'installer
To make up one's mind: se décider

Demonstrative/possessive pronouns and adjectives

Remplissez les blancs avec la forme correcte de l'adjectif ou du pronom possessif et de l'adjectif ou du pronom démonstratif.

Je viens du nord de la France où vivent _____1_____ parents (*my*) et _____2_____ amie (*my*). _____3_____ parents (*her*) sont originaires du Sud. _____4_____ santé (*their*) est définitivement meilleure que _____5_____ (*mine*) et _____6_____ de mes parents. Je pense que _____7_____ mode de vie (*our*) joue un rôle très important sur notre santé. _____8_____ (*this one*) peut être ravagée ou améliorée simplement par la nourriture régionale comme par exemple l'utilisation de l'huile d'olive dans le sud de la France. _____9_____ ingrédient (*this*) est supposé faire des miracles. _____10_____ huile (*this*) est certainement meilleure que l'huile végétale.

10 minutes

Test your knowledge

Translating (from English into French)

1 The skills required for translating from English into French are similar to those required for _____ in French.

2 Vrai ou faux? In translation, details are not important?

Délinquance et violences scolaires

3 En France, à votre avis, combien de jeunes se retrouvent en prison chaque année?
1000
2000
4000

4 Qu'est-ce que la loi de la rue?

5 Claude Allègre qui est le _____ de _____ a mis au point cette année un plan de _____ contre la violence dans les écoles.
Qu'est-ce-qu'un îlotier?

Comparative/superlative quantifiers/intensifiers

6 Which word is often used after plus/moins/aussi in order to make comparisons?

7 Which word(s) precede(s) plus/moins in superlative phrases?

8 Which adjectives and adverbs have irregular comparatives/superlatives?

9 Which of these quantifiers/intensifiers cannot be followed by de?
a) très b) assez c) beaucoup d) trop e) tellement f) tant g) grand-chose h) combien i) la plupart j) presque k) si.

Answers

1 writing 2 faux 3 4000 4 la loi du plus fort 5 le ministre de l'éducation/lutte/système de sécurité en liaison avec la police 6 que 7 le/la/les 8 bon-mauvais-petit/bien-beaucoup-peu 9 a/g/j/k

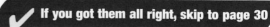

✔ **If you got them all right, skip to page 30**

40 minutes

Improve your knowledge

Translating (from English into French)

In *AS in a Week*, you have already read about the skills of translating from French into English, and in the previous chapter you have dealt with the skill of interpreting from one language to another. By now, you should be familiar with any kind of translation.

1 The skills required for translating from English into French are similar to those required for writing in French, which means that you should pay attention to genders, adjective agreements, verbs/verb tenses, word order and spelling.

Genders: check the gender of all French nouns you use.

Adjective agreement: adjectives agree with nouns in number and gender.

Example: Violence among young people is important. This sort of violence cannot be ignored.

What is the gender of the word 'violence'?

You need to know that the word 'violence' is feminine because the adjective 'important' needs to agree with it as well as the demonstrative adjective 'this'.

What is the translation?

La violence parmi les jeunes gens est importante. Cette sorte de violence ne droit pas être ignorée.

Verb/verb tenses: you have to remain as close as possible to the tenses used in the English version.

Word order: this is a crucial feature in a good translation, especially when working with two languages like English and French which often tend to be contradictory in their word order. This is very much the case with adjectives, words of possessions, places or prepositions.

Example: Old people are often victims of crime/Les gens âgés sont souvent victimes de violence.

Example: He is going to his mother's/Il va chez sa mère.

Example: Our neighbour's house was burgled/La maison de notre voisin a été cambriolée.

There are also certain prepositions in English which must be omitted in French:

Example: Could I try this hat on?/Est-ce que je peux essayer ce chapeau?

Use of the dictionary

Looking up an English word in order to find its French equivalent can be difficult, even more so when the word is very common and widely used. You need to ask yourself several questions, such as:

Key points from
AS in a Week

Translating (from French into English)
pages 25–26

Problèmes sociaux: racisme   page 60

Pauvreté/chômage
page 76

Adjectives/adverbs
page 70

Do I want a verb/a noun/an adjective?

Is the English verb followed by a preposition?

What context am I dealing with?

Check the French word which you think might be the correct one in the French-English section part of the dictionary: the English translation should be the word you started with.

2 Details should not be ignored. Some details, if missed or misunderstood, could change the meaning of the translated extract. Pay particular attention to adverbs and prepositions. The grid below will remind you what to do and what to avoid to achieve a succesful translation.

Do...	**Don't**...
• use a wide range of structures/lexis and have a good sense of idioms/expressions	• restrict yourself to a limited range of lexis/structures which would lead to a lack of fluency
• use an accurate/appropriate register: work in context	• make too many grammatical errors or miss details
• translate purely	• overwrite and add unnecessary details

Délinquance et violences scolaires

Comme dans beaucoup de pays dans la société actuelle, la France est le témoin et la victime d'une crise sociale qui affecte toutes couches sociales mais plus particulièrement les jeunes et la vie dans les établissements scolaires. On peut expliquer ce 'mal' de la société française par divers facteurs tels que le chômage, la pauvreté en général et l'appauvrissement des jeunes ou encore par la présence d'un racisme permanent.

3 Chaque année, en France, 4000 jeunes se retrouvent en prison et il est encore plus grave de constater que ces jeunes sont souvent mineurs. En effet, on constate un rajeunissement de la délinquance juvénile. Il n'est plus rare de voir 'un garçon' de 7 ou 8 ans commettre un délit. Les chiffres ont surtout augmenté ces deux dernières années et on constate que 35% des violences des rues sont provoquées par des mineurs. Alors, comment explique-t-on ce problème grandissant?

4 Une défaillance de l'autorité parentale est une des causes exprimées. Si cette négligence est due à la pauvreté ou à un manque d'éducation parentale, les enfants sentent qu'ils doivent se débrouiller seuls et par conséquent adoptent ce qu'ils appellent la loi de la rue, c'est-à-dire la loi du plus fort. La pauvreté familiale n'est pas toujours la seule responsable du problème de délinquance actuel. Les nouvelles technologies telles que l'Internet ou les jeux vidéos le sont aussi.

Pour essayer de combattre ce fléau, des clubs anti-violence ont été ouverts. Par exemple, l'actrice Carole Bouquet et le prix Nobel de physique Georges Charpak sont les présidents d'un Comité National Anti-violence Scolaire.

5 Malheureusement, la violence de la rue est entrée dans les écoles. Le gouvernement français a essayé en vain de trouver des solutions à cette crise scolaire. En huit ans, il a proposé quatre plans successifs: en 1992 avec Jack Lang, en 1995/1996 avec Bayrou et en 1998 avec Allègre. Ces plans ont tous été un échec. Claude Allègre en collaboration avec Ségolène Royal, le ministre délégué à l'enseignement scolaire, a proposé les mesures suivantes:

Un système d'îlotier: depuis le mois de février 2000, 75 principaux d'établissements difficiles bénéficient d'un système de sécurité renforcé à l'entrée et à la sortie des écoles lié à un commissariat de police.

Plus particulièrement dans les collèges et lycées, l'accent est mis sur l'enseignement de la discipline avec le rétablissement de l'Éducation civique.

Un renforcement de présence humaine avec 7000 personnes supplémentaires, en outre surveillants, conseillers d'éducation, aides-éducateurs, infirmières. Jusqu'à maintenant, il y avait la présence des élèves-relais: des élèves plus âgés avec le rôle de communiquer avec les enfants en difficulté et de les 'comprendre'.

Mettre l'accent sur quelque chose = to put emphasis on something

L'Éducation civique ou Instruction civique = civics

Un surveillant (scolaire): appelé en jargon 'un pion', il surveille les élèves pendant les récréations, la cantine, etc. Ce sont souvent des étudiants universitaires qui occupent ce poste pour payer leurs études.

Un conseiller d'éducation = careers adviser

Les aides-éducateurs: plus spécialisés que les élèves-relais, ils sont recrutés sous emplois-jeunes (similar to social workers).

Le ministre de l'education actuel est Jack Lang.

Comparative/superlative, quantifiers/intensifiers

6 Comparative sentences are formed with either plus or moins or aussi and que.

The word que must be used when one noun or pronoun is compared with another.

Example: La superficie de la France est plus *grande* que celle de l'Angleterre.

Example: Les meurtres en France se produisent aussi *souvent* que les meurtres en Angleterre.

Note: adjectives and adverbs make the comparisons.

The use of que can be omitted when there is not a comparison between a noun/pronoun.

Example: Il faut ouvrir un plus *grand* nombre de clubs anti-violence.
      It is necessary to open a greater number of clubs against violence.

Note the following expressions:

> Il existe de plus en plus de délits.
> There are more and more offences.
>
> La société actuelle est de moins en moins tolérante.
> Today's society is less and less tolerant.

7 In sentences using the superlative, plus and moins must be preceded by the definite article le/la/les. Both the article and the adjective must agree with the noun they are referring to.

Example: C'est la manifestation la plus importante de l'année.
> La France est un des pays les plus touchés par la criminalité.
> Elle est la moins intelligente de la classe.
> C'est ce ministre qui a décidé de l'action à prendre le plus rapidement.

8 Study the grid below for adjectives and adverbs which have irregular comparatives and superlatives.

	Comparative	Superlative
Adjectives		
Bon	Meilleur	Le meilleur
Mauvais (regular and irregular)	Plus mauvais or pire	Le plus mauvais or le pire
Petit (regular and irregular)	Plus petit or moindre	Le plus petit or le moindre
Adverbs		
Bien	Mieux	Le mieux
Beaucoup	Plus	Le plus
Peu	Moins	Le moins

Remember: whereas adjectives must agree with the noun they are referring to, adverbs remain invariable.

Henri est meilleur en maths que Sophie, mais Sophie est meilleure en langues qu'Henri.
(Henri is better at maths than Sophie, but Sophie is better at languages than Henri.)

Il parle mieux espagnol que moi.
(He speaks Spanish better than me.)

9 Quantifiers and intensifiers

These words help to express the quantity of a term more specifically and intensify its meaning. They tend to be adverbs.

In French, the most commonly-used are:
très/assez/beaucoup/trop/tellement/tant/grand-chose/combien/la plupart/presque/si.

The following grid shows which of these can be followed by the preposition de.

	With de	Without de
Trés/very		Il est très sympa
Assez/enough	Il y a assez de choses à faire (assez + de + noun)	Elle est assez belle (assez + adj)
Beaucoup/a lot of, much, many	Nous avons beaucoup de chiens	Ils sont beaucoup
Trop/too much, too many	Ces gens ont trop d'argent (trop + de + noun) Note the apostrophy before a vowel.	Ces gens sont trop riches (trop + adj)
Tellement/so, so much, so many	Ils ont tellement de qualités (tellement + de + noun)	Ils sont tellement gentils (tellement + adj)
Tant/so, so much, so many	Il y a tant de choses à faire (like tellement)	Ils ont tant travaillé (with a verb)
Grand-chose/not much (used negatively)		(used with preposition à instead) Il n'y a pas grand-chose à faire
Presque/almost, nearly		Elle n'a presque rien mangé
Si/so		Tu es si intelligent It is also possible to say: tu es tellement intelligent (si + adj)
Combien/how much, many	Combien de personnes sont venues?	C'est combien?
La plupart/most (of)	La plupart de notre groupe est présent	La plupart sont ici

25 minutes

Use your knowledge

Translating

Traduisez le passage suivant en français.

Last Thursday, Jean-Yves Rodier, a fourteen-year-old pupil from Calais, was stabbed to death on his way back from school. It seems that, according to fellow students, the young boy had been the victim of bullying for some time and had tried to talk to a teacher but in vain. It also appears that unusually the bullies were very young, younger than Jean-Yves, around eleven years old. His distraught parents recall their son as a quiet but very bright child. The headmaster of the school where he was studying says of Jean-Yves: 'He was one of our brightest students!'
It is a sad fact that violence leading to death has reached the school gate!

Comparative/superlative, quantifiers/intensifiers

Traduisez les phrases suivantes en français.

1. You speak quicker than I.

2. She speaks better than her brother.

3. We study less than ten hours a week.

4. He has been working less and less recently.

5. Men drive more dangerously than women.

6. You are as beautiful as your mother.

7. His story is better than yours.

8. This student (feminine) is the weakest of the group.

9. Girls are worse than boys.

10. This discussion is the one which interests us the most.

11. There are enough activities in this area – maybe too many.

12. He works so hard that he nearly collapsed yesterday.

13. We have so much food.

14. Most people are selfish.

15. He has not given us much to drink.

10 minutes

Test your knowledge

Planning and researching for coursework

1 Writing a piece of coursework is similar to writing a _____ essay. However, the coursework should be focusing on F————— and/or the F_____ culture/society and should demonstrate your ability to a_____ and a_____ .

2 After choosing a suitable topic for your coursework, you must start r_____ and therefore r_____ articles/books on the chosen theme.

3 What is the third stage in the process of your coursework?

La justice en France

4 Le système judiciaire en France est formée de la justice c_____ et de la justice p_____ .

5 Est-ce que les Français apprécient la justice française?
Qu'est-ce qui a été proposé au début de l'année 2000 en ce qui concerne la justice et qui a été voulu par Jacques Chirac et les Français?

Verbs + infinitives/dependent infinitives/impersonal forms

6 Which of these verbs can be followed directly by an infinitive (without a preposition)?
a) aider b) aimer c) espérer d) téléphoner e) pouvoir f) proposer

7 When a verb is followed by an infinitive, the second verb is often preceded by a linking preposition. There is a choice of two prepositions. Which ones?

8 How would you translate the following sentences into French:
a) I make the student write the sentence.
b) I let my sister speak.
Vrai ou faux: entendre/voir/écouter/regarder/sentir are verbs of perception and must be used with the infinitive?

9 What pronoun is used to form an impersonal construction?

Answers

9 il 8 je fais écrire la phrase
aux étudiants/je laisse ma sœur parler/vrai 9 il
4 civile/pénale 5 non/une réforme 6 b/c/e 7 à/de 8 je fais écrire la phrase
1 longer/France/French/analyse/argue 2 researching/reading 3 planning

✔ **If you got them all right, skip to page 41**

50 minutes

Improve your knowledge

Planning and researching for coursework

Coursework in French is a written piece of work similar to an essay. However, the number of words required is greater. Depending on the exam board, the total varies from 500 to 2000 words! Many students are worried by the length imposed and consider coursework as a 'burden'. You should see it as a challenge, as a 'warm up' to further studies at university. It provides you with an opportunity to develop your intellectual and linguistic skills. But remember, most importantly, it is an integral part of your studies and examination. Unlike the essay you are required to write on the day of the examination, the coursework allows time for redrafting, hence the chance of completing an excellent piece of writing.

Do not be discouraged by the number of words required: you may actually end up writing more than you expected!

But do not overwrite or you will be penalised!

The first part of your work is to choose a topic. There are three things you need to keep in mind:

- Choose a topic you will enjoy reading and writing about.
- Choose a topic rooted in France and/or French culture/society.
- Choose a topic which will open the door to extended research.

Consider these examples of topics:

La politique en France: this is the kind of topic you would need to enjoy! Many students would find it dull and uninteresting.

La pollution en France: this is the type of topic which can lead you to writing about pollution in general and not in France. If the topic is too vague, you run the danger of writing a generalised essay rather than coursework based on France. You must be specific in your choice of topic. This should reflect in your title.

Le système éducatif français: this is a popular topic giving the chance of finding a wide range of articles. You will not be short of material if you opt for this sort of topic!

Do not rush into the choice of topic: it is an important part of your coursework!

Your coursework does not have to be based on a contemporary problem. You may wish to consider a business, literary or creative approach, but you must ensure that your work is focused on France and you must ascertain that you support your arguments with evidence and analyse them. In order to analyse your findings effectively, you must use a range of impersonal constructions (see the grammar section of this chapter). For example, you should not be writing the words 'je pense que ...' but instead 'il est important de dire que ...'.

2 The second stage in your coursework is research. This means finding as much material as you possibly can on the chosen topic. The process of researching is not as daunting as it appears. It can be time-consuming, but as long as you are organised and work effectively you will be fine. However, you need to be aware of a number of 'rules' to apply and errors to avoid. Consider the following advice:

Do…	**Don't**…
1) Look for authentic material from various sources: magazines (*Le Nouvel Observateur /Le Figaro magazine/Le Point/Marianne…*), newspapers (*Le Quotidien/Le Monde/Le Figaro/Les Clés de l'actualité…*), books, television, films, the Internet.	1) Use material in English and translate it into French. The purpose of coursework is to widen your knowledge of the French language and culture through extended reading in French (which could prove to be useful in the other sections of the exam). You would not help yourself by doing it in English!
2) Copy your articles and keep a reference (you will need to provide references later in the bibliography). A reference must contain: the name of the magazine/newspaper, the title of the article/book, the author's name and the date. The page number may be needed if you 'borrow' quotes from a book. Quotation references should be indicated at the bottom of the page with a reference number. This also applies to figures and illustrative material (graphics/photos).	2) Cut out an article and forget to keep its source. Most articles have the reference on each page but this is not always the case, so be careful!
3) Try to ease your task by choosing short pieces of reading rather than several pages. Articles are more manageable than books, for example.	3) Avoid reading long and intricate articles.
4) Read one article per day and make the necessary notes (in the margins of the articles or on a separate sheet which you should attach to the article). In your research, good time management is crucial.	4) Wait to collect all your material before you start studying it. Do not put pressure on yourself when you can avoid it. Remember that you should not be just scanning a piece of information but understanding its content and reflecting on it.
5) Manage your time well. If you are given three months to complete the first piece of coursework, start researching on the first day!	5) Plan your coursework before having enough appropriate information in your hands.

Planning is the third stage of your coursework and must be constructed carefully.

A well-structured plan is the key to good coursework. Writing a long essay or a dissertation is similar to building a house. The choice of topic represents the style of architecture desired for the house, research is the good selection of material/equipment for the house and finally the plan symbolises the construction of the main parts of the house. In other words, if the material is unsuitable and the foundations are weak, the house will collapse; so will your coursework!

Your plan must be made of words, phrases and/or questions but should not be written in sentences (this should be kept for the coursework itself). Ideally the plan should be formed as follows:

Introduction

- topic introduction
- general statement(s) on the topic and the problem(s) it involves
- and/or brief reference(s) to historic/past origins (if appropriate)
- plan introduction

Paragraphs (ideally, you should have three paragraphs)

- information on the topic and description(s)
- arguments and analysis of the topic (analysing the problematic issue(s) given in the title)
- solutions (giving the existing solutions and finding more solutions by answering the problematic issue(s) from the title)

At the beginning and end of each paragraph, you should add one or two lines as an introduction and a conclusion. This will act as a thread to guide the reader through your work in a progressive and logical manner.

Conclusion

- summary of contents
- obvious conclusion or impossibility to conclude decisively/problems cannot be resolved
- statement/question re-opened or continuing the 'debate' in the future

Finally, remember you should have:

The title – clear and focused: give the topic and expose its problem(s)/use question(s)

The plan (as above)

The coursework (of course!)

The bibliography (specific, with a minimum of three different sources!)

La justice en France

En France la justice civile et la justice pénale forment ensemble, d'une façon similaire, la justice française. Chacune regroupe des juridictions spécialisées.

La justice civile regroupe: les Prud'hommes (litiges entre employés et employeurs), les Tribunaux de commerce, les référés (réglement provisoire d'un litige), les tutelles (la protection des mineurs), les affaires matrimoniales (de mariage), les affaires de la Sécurité Sociale et les affaires de l'expropriation (dépossession de la propriété).

La justice pénale regroupe: les juridictions pour enfants et l'application des peines.

Une juridiction = ensemble des Tribunaux
Exercer une juridiction = juger

Le système judiciaire en France

Lieu	Infraction	Juridiction civile	pénale	Peine
Paris		Cour de cassation Juridiction suprême Elle contrôle la légalité des jugements		
Dans chaque région		Cour d'appel Pour obtenir la réformation d'un jugement		
Dans chaque département	Crimes et certains délits		Cour D'Assises	Réclusion criminelle détention/prison
Au moins un par département	Délits	Tribunal civil Tribunal de grande Instance	Tribunal correctionnel	Plus de 2 mois de prison Amende
Au moins un par arrondissement	Contraventions	Tribunal d'instance	Tribunal de police	2 mois de prison maximum

Une amende/une contravention = a fine
Un délit = an offence
Un procès = a trial
L'inculpé = the accused

Les procès civils comportent un demandeur et un défenseur qui ont chacun un avocat. Ces procès sont publics.

Les procès d'ordre pénal sont beaucoup plus complexes, comme il y a eu infraction à la loi et comprennent plus de parties (le procureur de la République/la police judiciaire/le juge/l'inculpé/les témoins/le jury/l'avocat général, de la partie civile et de la défense …)

La justice en France est accessible à tous, gratuite (mais l'administration est chère: timbres, enregistrement et les paiements au personnel judiciaire) et généralement publique. Dans certains cas, les tribunaux peuvent ordonner un huis-clos; ce qui signifie que le procès est fermé à l'audience.

La justice française a aussi connu certains changements depuis 1958.

1958:   tribunaux et magistrats (juges) sont regroupés
tribunaux d'instance et de police sont mis en place
la cour d'appel reçoit un rôle plus important
la procédure est simplifiée
le code pénal change

1981:   François Mitterrand décide de donner plus d'indépendance à la justice
la peine de mort est abolie

1992:   réforme du Code pénal
la personne accusée d'un crime ou délit n'est plus directement inculpée mais elle est mise en examen, c'est-à-dire que le juge décide de mener une enquête sur cette personne. Si elle est condamnée à perpétuité (30 ans en prison), cette peine ne peut pas être réduite.

Par ces changements, François Mitterrand a essayé de rendre la justice plus 'amicable' aux Français.

Le Monde, mardi 1er février 2000

5 Pourtant, plusieurs sondages ont montré que la majorité des Français sont antipathiques à la justice. En comparaison avec le reste de l'Europe, la France se situe en 1999 à l'avant-dernier rang derrière l'Italie pour la confiance qu'ils y portent. Considérez les chiffres.

En effet, les Français la considèrent comme lente, compliquée, chère et peu équitable. Ils l'accusent de favoriser les riches et de mal indemniser les victimes. Les chiffres ont récemment montré que sur 1 Français sur 5 qui a eu besoin de la justice, 2 sur 3 en ont été mécontents. Pour la plupart, il est préférable de 's'arranger à l'amiable'.

En ce qui concerne les magistrats, une enquête de 1997 les a qualifiés de compréhensifs, peu équitables, honnêtes et corrompus pour certains.

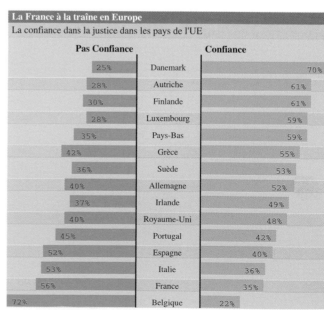

La France à la traîne en Europe
La confiance dans la justice dans les pays de l'UE

Pas Confiance		Confiance
25%	Danemark	70%
28%	Autriche	61%
30%	Finlande	61%
28%	Luxembourg	59%
35%	Pays-Bas	59%
42%	Grèce	55%
36%	Suède	53%
40%	Allemagne	52%
37%	Irlande	49%
40%	Royaume-Uni	48%
45%	Portugal	42%
52%	Espagne	40%
53%	Italie	36%
56%	France	35%
72%	Belgique	22%

S'arranger à l'amiable = to reach a private agreement/to settle something out of court

En janvier 2000, les Français se sont réjouis à l'annonce d une réforme possible de la justice voulue par Jacques Chirac. Ils ont vu ce changement comme une opportunité pour la justice d'être moins soumise au pouvoir politique et pour les magistrats (les juges) d'avoir moins de pouvoirs. En effet, en 1999, 62% l'estimaient trop dépendante. (Les juges appelés aussi les magistrats assis dépendent du ministère de la Justice, ont 'théoriquement' une totale indépendance et sont dits inamovibles.)

Mais la nouvelle réforme prévoit les modifications suivantes: les juges pourront être soumis à des poursuites disciplinaires, être forcés de changer de postes sans leur accord (par conséquent, ils ne seront plus inamovibles). Par exemple, les juges spécialisés comme les juges d'enfants ou d'affaires familiales devront changer de tribunal après une période de 10 ans et finalement, tout citoyen insatisfait aura le droit légal de se plaindre.

Inamovible = que l'on ne peut ni déplacer ni remplacer

Amovible = qui peut être déplacé ou changé d'emploi

Verbs + infinitives/dependent infinitives/impersonal forms

In French, when two verbs are linked to each other in a sentence (example: 'I want to eat' or 'I let him do it'), the second verb is always in the infinitive. Note that *to* is generally used in the English equivalent.

The first verb is followed either directly by an infinitive or by a linking preposition.

6 Verbs + the infinitive

Aimer/adorer/affirmer/aller/assurer/avouer/compter/courir/croire/déclarer/désirer/devoir/écouter/entendre/envoyer/espérer/faire (see dependent infinitives)/falloir (impersonal verb: il faut…)/laisser/oser/paraître/partir/penser/pouvoir/préférer/prétendre/regarder/rentrer/retourner/revenir/savoir/sembler/sentir/souhaiter/supposer/venir/voir/vouloir/valoir mieux (impersonal verb: il vaut mieux…)

Example: Il pense venir ce soir
Je peux attendre plus longtemps
Il vaut mieux rester ici

Many verbs are followed by either à or de + the infinitive.

7 Verbs followed by à + the infinitive:

Aider/s'amuser/apprendre/arriver/s'attendre/avoir/chercher/commencer/condamner/consentir/consister/continuer/se décider/demander*/destiner/encourager/engager/enseigner/forcer/s'habituer/hésiter/inviter/se mettre/parvenir/passer (du temps)/penser/perdre (du temps)/persister/pousser/se préparer/renoncer/se résigner/réussir/servir/songer/tenir.

Note the meaning of the verbs in red:

arriver à = to manage to/*s'attendre à* = to expect/*s'habituer à* = to get used to/
se mettre à = to start to/*servir à* = to be used for/*tenir à* = to be eager to, to be keen on

Verbs followed by de + the infinitive:

Accepter/accuser/achever/s'agir/(s') arrêter/cesser/charger/choisir/commander/
se contenter/convenir/craindre/décider/défendre/demander*/se dépêcher/
dire/douter/s'efforcer/empêcher/entreprendre/envisager/essayer/s'étonner/éviter/
s'excuser/finir/interdire/jurer/manquer/menacer/mériter/négliger/offrir/ordonner/
oublier/parler/permettre/persuader/plaindre/prier/promettre/proposer/refuser/regretter/
se réjouir/remercier/rêver/risquer/souhaiter/soupçonner/se souvenir/supplier/
supporter/tâcher/tenter/trembler/venir.

Note the meaning of the verbs in red:

s'agir de = to be about (impersonal phrase)/*se contenter de* = to be content with/
convenir de = to agree that (if used as an impersonal expression 'il convient
de' = it is advisable to)/*soupçonner de* = to suspect/*se souvenir de* = to remember/
supplier de = to beg/*supporter de* = to bear, to stand/*tâcher de* = to try to/
venir de = to have just

* You must have noticed that demander can be followed either by à or de.

Demander à is used when there is no indirect object.

Demander de is used when there is an indirect object.

Example: Je demande à partir/I am asking to leave
Je lui demande de partir/I am asking him to leave

There are other verbs like demander which are followed by de and require an indirect object (à + person).

Example: Je dis à mes parents de venir chez moi
Conseiller/défendre/dire/interdire/offrir/ordonner/pardonner/permettre/
persuader/promettre/proposer/reprocher/suggérer/téléphoner

8 Faire/laisser and verbs of perceptions such as entendre/voir/écouter/regarder/sentir are directly followed by an infinitive. There are two rules to keep in mind:

* The infinitive can follow or precede the noun.
* The pronoun precedes the main verb.

Example: J'écoute parler ma sœur or J'écoute ma sœur parler
But Je l'écoute parler

Example: Il laisse travailler les enfants or Il laisse les enfants travailler
But Il les laisse travailler

Faire is directly followed by the infinitive. The object, direct or indirect, should not be placed between faire and the infinitive.

Example: Je fais travailler les étudiants/I make the students work
                 Je les fais travailler/I make them work

Example: Je fais écrire la phrase aux étudiants/I make the students write the sentence
                 Je leur fais écrire la phrase/I make them write the sentence

9 Impersonal constructions are useful when writing essays.

They are often used with the impersonal pronoun il. You may want to consider the following list of common impersonal phrases:

il s'agit de (+ infinitive or noun) = it is about
    il s'agit de savoir si = the point is to know if
    il s'agit d'un article sur = it is about an article on

il faut + infinitive = it is necessary to
    il faut peser le pour et le contre = it is necessary to weigh up the pros and cons
    il faut également faire mention de = mention must also be made of
    il faut s'élever contre = it is necessary to object to
    il faut en venir maintenant à = it is necessary now to turn to
    il faut définir les points importants = it is necessary to define important points
    il ne faut pas* se masquer la réalité = we must not hide from reality
    il ne faut pas s'attendre à = we cannot expect

Il est …
    il est vrai que = it is true that
    il est à noter que = it is to be noted that
    il est possible de = it is possible to
    il serait* exagéré de = it would be an exaggeration to
    toujours est-il que = the fact remains that
    il est de fait que = it is a fact that
    il est incroyable que = it is unbelievable that
    il est hors de question que = it is out of the question that
    il n'est pas facile de = it is not easy to
    il est difficile de = it is difficult to
    il est de toute évidence que = it stands to reason that

* It is, of course, possible to use these expressions with different tenses and/or with a negative.

The list is not exhaustive! There are a lot more impersonal phrases which do not use the pronoun il or verbs s'agir, falloir, être. Here are some examples.

    on vit dans un monde où = we live in a world where
    on va examiner les avantages et les inconvénients = we shall examine the advantages and the disadvantages of
    il s'ensuit que = it follows from this that
    qu'on n'aille pas à croire que = it is not to be thought that
    qu'on veuille l'admettre ou non = whether we want to admit it or not

on pourrait bien se demander si = one might well wonder whether

il reste à savoir si = it remains to be seen whether

on est tenté de conclure que = it is tempting to conclude that

il pourrait y avoir = there could well be

il importe de comprendre que = it is vital to realise that

il ne fait aucun doute que = there is no doubt that

60 minutes

Use your knowledge

Planning and researching for coursework

After having read '*La justice en France*' on pages 35–37, and using some of the knowledge you might have gathered in class if you have already studied this topic, think of a suitable title and draw up a plan.

Verbs + infinitives/dependent infinitives/impersonal forms

A) Remplissez les blancs avec les prépositions à ou de. Attention! Il n'est pas toujours nécessaire de les remplir!

1 Il n'ose pas —— parler au juge.

2 Les témoins ont été encouragés —- parler.

3 Nous nous attendons —- payer plus d'impôts.

4 Les Français aimeraient —- changer leur système judiciaire.

5 Le juge lui demande —— quitter la barre.

6 L'assassin a menacé —- le tuer.

7 L'avocat a demandé —- se retirer pendant dix minutes.

8 Elle paraissait —— vouloir dire quelque chose.

9 Il vaut mieux —— rester silencieux.

10 Les parents de la victime ont renoncé —- porter plainte.

B) Traduisez les phrases suivantes en français.

1 The judge had me tell the truth.

2 The lawyer let me answer all the questions.

3 I heard the victim cry.

4 He saw the murderer killing the young woman.

5 The jury listens to the witness giving his version of the story.

6 It is true that the French judicial system is complex.

7 We cannot expect to forget what happened in the past.

8 It is necessary to object to this decision.

9 It is vital to realise that the French police have to obey the judge.

10 It is about an article on the opinion of French people regarding French justice.

10 minutes

Test your knowledge

Writing a discursive essay

1 Before writing the essay, you should consider the t_____ and ask yourself as many q _____ as you can.

2 A typical essay in French must comprise a *thèse*, an *antithèse* and a s_____.
When you expose your arguments, you must always support them with e_____.

3 You should have in mind a 'list' of c_____ and e_____ which you could use within the theme.

Science et technologie

4 Industrie aéronautique et aérospatiale
a) Quel est le nom des deux avions les plus populaires de l'industrie aéronautique?
b) Comment s'appelle la fusée française la plus connue de l'industrie aérospatiale?

5 Industrie ferroviaire: Vrai ou faux? Le TGV est le train le plus rapide du monde.

6 Industrie nucléaire, électrique et électronique
a) Qu'est-ce que l'EDF?
b) Quel est le pourcentage actuel de Français qui possèdent un téléphone mobile: 30%, 50% ou 65%?

7 Science médicale: Qu'est-ce que l'ADN en anglais?

The perfect subjunctive

8 The perfect subjunctive is formed with auxiliaries *avoir* or *être* in the _____ subjunctive and the p _____ p_____ of the main verb.

Answers

1 title/questions **2** synthèse/evidence **3** constructions/expressions
4a Concorde/Airbus **b** Ariane **5** vrai **6a** électricité de France **b** 50% **7** DNA
8 present/past participle.

 If you got them all right, skip to page 49

50 minutes

Improve your knowledge

Writing a discursive essay

Writing a good discursive essay requires you to pay attention to different linguistic aspects. One must consider the title and its contents. The answer to the question must be concisely organised and must be planned in such a way that each side of the question is considered with the support and evidence of arguments. Finally, you must show a certain degree of fluency by using as wide a range of vocabulary, structured phrases/sentences, idioms and tenses as possible.

Key points from
AS in a Week

L'Internet
pages 54–56

Introduction to the subjunctive mood
pages 41–42

1 Before writing an essay, you should study the title/definition or statement carefully: *it is worth spending five minutes thinking about it*! The best approach is to underline the key words or phrases. If you deal with this task successfully, you will have a better chance of keeping to the subject and it will allow you to cover all aspects of the question.

The second stage is to ask yourself as many questions as you can based on the title. Ask yourself who/what is mentioned and involved, where has it taken place or is it taking place, when/how has it happened or is it happening, what is the problem and why, what are the reasons for this.

Make an attempt to answer these questions, briefly, not in sentences. You can do this by jotting down as many facts, ideas and as much information as you can gather. In other words, it is a brainstorming exercise. Do not be afraid to add some personal experiences to your list, keeping in mind the context. Unlike with written coursework, you can give your personal opinion.

The third stage is to group all similar ideas together in 'themes'. For example, you could put them in columns and give each column a title. This will help you to give a logical order to your work and to draw up a concise plan.

Do not rush! There is no point writing about something which is not clear in your mind!

Brainstorming concerns the contents of your work. Without it, you will not be able to develop arguments.

2 A typical essay in French must comprise a thèse, an antithèse and a synthèse.

This is the traditional model taught in French schools and it represents the positives and negatives of the arguments. An introduction and a conclusion are obviously vital.

Ideally, an essay should have three paragraphs. Consider the following pattern:

- Introduction
- Paragraph 1 (thèse)
  - introductory sentence
  - positive arguments/for
  - conclusive sentence
- Paragraph 2 (antithèse)
  - introductory sentence
  - negative arguments/against
  - conclusive sentence
- Paragraph 3 (synthèse)
  - introductory sentence
  - pros and cons/solution(s) to the problematic issue
  - conclusive sentence
- Conclusion

In order for your essay to be well-structured, you should divide each paragraph into two or three sub-paragraphs. Try to give equal length to each paragraph and sub-paragraph. The introduction and conclusion should not be longer than the paragraphs.

You must always ensure that you support your arguments with evidence, facts and reference and add your personal view and experience if appropriate. Your arguments should be specific and concise.

Do not adopt the 'pedestrian' approach: Do not ramble on: you will end up writing out of context!

3 You should have in mind a 'list' of constructions and expressions adapted to the theme(s) of your essay. The secret is to write simply and accurately with an appropriate range of vocabulary. You must avoid repeating the same word(s) and phrases too often. Instead, make a good use of the synonyms gathered during your studies. Do not be afraid of being adventurous in your choice of vocabulary. Your essay should also demonstrate your ability to write sentences in various tenses. Show that you are capable of using the subjunctive mood, for example! Do not hesitate to replace nouns with pronouns. These are all linguistic features which will prove that you can communicate effectively in a foreign language.

Consider the following:

- The 'nous' form is better than 'je', especially in the introduction. It is also a good idea to use the future and/or the imperative when introducing the paragraphs. You could write 'nous étudierons les arguments en faveur de …' or 'considérons les arguments pour …'.

- Link your sentences with connective words such as adverbs, conjunctions and relative pronouns.

Linking words/adverbs: de plus/par conséquent/heureusement/puis/de même/ finalement/certainement/d'un autre côté/en effet/plus tard/récemment.

Conjunctions: avant que/jusqu'à ce que/afin que/de façon que/de peur que/bien que/pourvu que/à moins que/dès que/aussitôt que/pendant que.

Relative pronouns: qui/que/ce qui/ce que/où/lequel/dont.

- The infinitive or the present participle can also be used.

The infinitive after a preposition: avant de discuter/sans expliquer/afin de comprendre.

The infinitive of avoir and être used after après and followed by the past participle: après avoir étudié/après être parti.

The infinitive as subject: travailler est important/comprendre ceci est vital.

The present participle with en: en se comportant ainsi/en étudiant ces arguments.

- The use of impersonal constructions will also enhance the quality of your essay: il est vrai que/il est inadmissible que/il faut considérer/il se peut que/il est nécessaire de.

- Make good use of various pronouns: le/la/les/leur/lui/le mien/celui.

Remember that most subordinating conjunctions ending with 'que' require the subjunctive.

Once you have written your essay, you should leave it for a while (five minutes in exam conditions, or a few hours at home) and read it again in order to check your work. You may be surprised to see that you can analyse and improve your work more efficiently this way.

Science et technologie

4 Dans le domaine aéronautique et aérospatial, la France se place au troisième rang après les Etats-Unis et la Russie. En collaboration avec la Grande-Bretagne, elle a construit en 1969 le Concorde, avion commercial supersonique. Malheureusement, nous avons tous été témoins de la fin dramatique de l'un de ses modèles qui s'est écrasé en l'an 2000 après avoir décollé de l'aéroport Roissy-Charles-de-Gaulle dans le nord de Paris et qui, par conséquent, a fait douter les experts et les passagers de son bon fonctionnement. En 1992, la France a vu l'arrivée d'Airbus, avion commercial. Airbus est en constante compétition avec Boeing et par exemple, en 1999, 417 Airbus ont été commandés contre 69 Boeing. Airbus est considéré comme l'avion géant de l'avenir avec trois ponts et avec la possibilité de contenir jusqu'à 750 passagers. Il ne faut pas oublier les avions militaires tels que le Mirage et le Rafale qui sont les avions privés de la famille Dassault mais qui sont contrôlés par l'Etat depuis 1982.

Dans le domaine aérospatial, la France possède aussi la fusée Ariane qui a 20 ans d'existence. Ariane V a réussi son premier tir commercial au mois de décembre 1999 et elle est reconnue pour être moins chère que la navette spatiale américaine et plus fiable que les fusées russes. Il faut aussi se rappeler que le secteur aérospatial en France est contrôlé par l'Etat.

5 L'industrie ferroviaire a le privilège de posséder le TGV (train à grande vitesse), *le nec plus ultra* du transport ferroviaire. Il détient le record du monde de vitesse sur rail et il est programmé pour rouler à plus de 500 kilomètres à l'heure, bien qu'en réalité il ne dépasse pas les 270 kilomètres à l'heure. Il a aussi été programmé pour s'arrêter automatiquement à l'avance s'il détecte une présence sur les rails, afin d'éviter tout déraillement. Le premier TGV a été lancé en 1981 puis il est devenu très rapidement un succès commercial. Non seulement, le TGV Nord et le TGV Atlantique ont suivi respectivement en 1989 et en 1994 mais, en plus, il a été adopté par d'autres pays comme l'Espagne, la Belgique, la Grande-Bretagne, les Pays-Bas, l'Australie, la Corée et Taiwan. Sa forme, très futuriste, fait de lui le train du 21ième siècle (voir photo ci-dessous).

Le nec plus ultra = ce qu'il y a de mieux

Le TGV

Le métro jouit aussi d'une excellente réputation. Il est d'ailleurs intéressant de noter que ce sont des ingénieurs français qui ont construit les métros de Montréal, Mexico, Rio et Athènes.

6 Au niveau de l'industrie nucléaire, la France est en bonne position. Après les Etats-Unis, elle se trouve au deuxième rang mondial pour la production d'électricité d'origine nucléaire. L'EDF (électricité de France) est le premier exportateur de courant en Europe. Il faut noter que cette compagnie a récemment acheté 'London Electricity'.

En effet depuis les années 70, la France s'est consacrée au développement de l'industrie nucléaire, ce qui lui a permis de devenir très indépendante dans ce domaine et d'exporter son électricité.

La France possède Superphénix, *un réacteur surgénérateur: le premier au monde de ce type!*

Dans l'industrie électrique et électronique, la France travaille à la même vitesse que les Etats-Unis. Elle investit désormais dans la recherche, le développement et les logiciels. Les chiffres suivants valent la peine d'être pris en considération:

- Les achats en nouvelles technologies (téléphones mobiles, télévision, Internet...) représentent 1% seulement de la consommation totale avec 50% des Français qui utilisent un mobile, mais une augmentation rapide est en train de s'effectuer.

- 6% de la consommation totale est consacrée à l'équipement en électronique avec une progression de 10% en 1999.

- 6 millions de couples français se sont abonnés à l'Internet au début de l'année 2000.

Ce dernier chiffre signifie que la France se place entre le Japon et l'Allemagne avec 15% des ménages connectés, mais loin encore du Royaume-Uni (25%) et des Etats-Unis (40%).

S'abonner à = to take out a subscription

Un ménage = household

Il faut dire que la France montre un certaine supériorité sur le marché de la communication et de la technologie grâce à de grandes entreprises comme France Télécom et Vivendi, rachetée en 1999, ou encore Alcatel et Thomson Multimédia qui offrent des services divers.

 Dans le secteur médical, la France a excellé dans le passé avec Louis Pasteur, né en 1822, qui, en 1887, a créé l'Institut Pasteur pour se consacrer à la recherche biologique.

A l'origine, Pasteur a découvert la cause de la fermentation du lait et de l'alcool mais il est surtout connu pour ses recherches de vaccins tel que le vaccin contre la rage.

L'Institut Pasteur existe encore de nos jours avec un nombre important de chercheurs qui y travaillent pour la lutte contre certaines maladies comme le SIDA.

D'autres organismes semblables sont:

- le Centre National de la Recherche Scientifique (1901)

- l'Institut National de la Recherche Agronomique (1946)

Pierre et Marie Curie représentent aussi deux noms importants dans la recherche scientifique. C'est en 1903 que Marie Curie a reçu le prix Nobel de physique avec son mari Pierre et le prix Nobel de chimie en 1911.

Actuellement, et comme beaucoup d'autres pays, la France progresse dans la recherche génétique et, plus particulièrement, dans l'étude du AND (acide nucléique qui assure la transmission des caractères génétiques). Le Généthon, centre de recherche génétique, est né en 1990 pour l'étude du génome humain. La France est médicalement avancée (c'est à Paris que l'on trouve les meilleurs services hospitaliers du monde: l'hôpital de la Pitié ou l'hôpital de la Salpêtrière en sont des exemples) et elle consacre maintenant des dizaines de milliers de francs à la réflexion sur l'éthique. Malgré les progrès scientifiques et les constantes recherches, la société française a été horrifiée par l'experience du clonage en 1993. Cette réaction peut s'expliquer par le fait que la plupart des Français sont de religion catholique.

The perfect subjunctive

8

The perfect subjunctive is a relatively easy tense to learn and is used in a similar way to the present subjunctive. The action takes place in the past but the clause, expression or conjunction which precedes the verb in the perfect subjunctive remains unchanged.

The past subjunctive is formed by using the present subjunctive of avoir or être (acting as auxiliaries) and the past participle of the main verb. Its formation is similar to the formation of the perfect tense. You must remember the auxiliary to be used!

Consider the following conjugation and examples:

	Ecouter	Partir
Je /J'	aie écouté	sois parti(e)
Tu	aies écouté	sois parti(e)
Il	ait écouté	soit parti
Elle	ait écouté	soit partie
Nous	ayons écouté	soyons parti(e)s
Vous	ayez écouté	soyez parti(e)(s)(es)
Ils	aient écouté	soient partis
Elles	aient écouté	soient parties

Example: Je ne pense pas que vous ayez écouté.
I do not think that you listened.

Bien qu'il soit parti tôt, il n'est pas encore arrivé.
Although he left early, he has not arrived yet.

Forming the perfect subjunctive is easy as long as you know the present subjunctive of avoir and être!

Writing a Discursive Essay
The Perfect Subjunctive

100 minutes

Use your knowledge

Writing a discursive essay

Internet ou navette spatiale? Jusqu'à quel point est-ce que la France est avancée dans ces technologies? Devrait-elle consacrer plus d'argent à l'un au détriment de l'autre? Discutez. (350 mots)

The perfect subjunctive

Complétez les phrases suivantes avec la forme correcte du verbe au subjonctif passé.

1 Je ne pense pas qu'ils _____ _____ . (partir)

2 Bien que nous _____ _____ hier soir, nous n'étions pas fatigués ce matin. (sortir)

3 J'ai peur que tu n'_____ ___ _____ ton chemin. (perdre)

4 Vous doutez qu'il _____ _____ l'homme idéal pour ce travail. (être)

5 Il est possible qu'elles _____ _____ leur maison trop tard. (quitter)

6 Quoique j' _____ _____ ouvertement, ils m'ont offert le travail. (parler)

7 Tu es contente que nous _____ _____ bien _____ . (s'amuser)

8 Elle regrette que vous ne l' _____ pas _____ . (inviter)

9 Ils ne croient pas qu'un miracle _____ _____ . (arriver)

10 Il est important que tu _____ _____ la leçon. (écouter)

10 minutes

Test your knowledge

Creative writing

1 When you are asked to continue a short dialogue, it is important to use both _____ and _____ speech.

2 If a piece of creative writing involves a photograph (with or without text), you should consider the _____ carefully and your response should be based on the _____ .

Société: L'affaire Papon

3 Si on dit 'Maurice Papon', à quelle époque se réfère-t-on?

4 A quelle date s'est déroulé le procès Papon?
a) 1987
b) 1994
c) 1997

The past historic/the imperfect subjunctive

5 The past historic is used in l_____ contexts and generally not o_____ .

6 The imperfect subjunctive is formed from the _____ person singular form of the past historic. It is used only in w_____ !

Answers

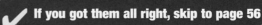

✔ **If you got them all right, skip to page 56**

50 minutes

Improve your knowledge

Creative writing

A piece of creative writing is not much different from a discursive essay. It is merely written in a different style which requires a more creative/imaginative approach!

You are still expected to respond to the stimulus by studying it closely and by keeping to the instructions given (as you would do for the statement or the question of an essay). It is also important to organise and develop your ideas clearly and to write accurately. However, in creative writing, it may be tempting to be too adventurous in the use of personal ideas as it is a more relaxed style of writing, very much like the journalistic approach. But do not be fooled! The language still has to be correct and you must ensure that you include any knowledge which you have on French culture and society.

1 In the case of continuing the writing of a short dialogue, the 'récit' will obviously be open to your imaginative skills, but it is advisable to keep to certain criteria to succeed in this type of work.

Read the start of the dialogue carefully:

- Understand the content as the language used can be intricate (what is it about?). Be familiar with the characters involved, especially the protagonist(s).

- Check the tenses.

Read the instructions carefully:

- The instructions give you vital clues as to the content so consider them carefully. They usually tell you briefly who is involved and what the story is.

- You may be given two or three questions which will help you to continue the conversation. These questions can refer to the feelings of one of the characters and may guide you on the next stage of the work.

Be imaginative in your writing

- Maintain interest in your style. Be imaginative by either creating tension or by having a humorous approach. You want to provoke interest and curiosity in the reader (in this case the examiner). You do not want to bore him or her. However, you must also ensure that your work remains plausible and includes a sensible conclusion. Remember that you must keep to certain criteria in your work and your writing must be of a high quality. You should:
  - Be consistent with your choice of character(s).
  - Continue to write mainly in the tense used in the stimulus.
  - Use both direct and indirect speech.

Alternatively, you may be required to produce a piece of creative writing involving a photograph with or without text. You should study the picture closely. Details which may seem irrelevant at first (in the background of the photo, for example) could prove to be useful in your response. You must also try to see 'beyond' the picture. As in the case of the discursive essay, you should ask yourself as many questions as you can.

Be open-minded and have an eye for detail!

The photograph may be accompanied by text and/or some questions. If there are questions, use them as guidelines. Text can take the form of a headline or a title. It should be considered carefully! As with the 'récit', you must be imaginative and plausible in your response. Your writing must also show consistency and accuracy.

Société: L'affaire Papon

Pour comprendre ce qui s'est passé récemment avec l'affaire Papon, il est nécessaire de considérer certains événements importants qui se sont déroulés pendant la deuxième guerre mondiale en France, ainsi que certaines dates liées à ces faits.

Pendant les mois de mai et juin 1940, les troupes allemandes occupent la moitié de l'Hexagone (le nord) et quelques mois plus tard elles seront particulièrement soutenues par la collaboration ayant pour dirigeant le maréchal Philippe Pétain.

Philippe Pétain, qui ironiquement était le défenseur de Verdun en 1916 pendant la première guerre mondiale, devient chef du gouvernement français le 17 juin 1940. Quelques jours plus tard, le 20 juin 1940, il propose à Hitler l'armistice, signé alors le 22 juin. A partir de cette date, tout se déroule très rapidement: le 10 juillet, il s'installe à Vichy et devient chef de l'Etat, puis le 17 juillet il publie les premières lois anti-juives et finalement le 24 octobre il propose à Hitler la politique de collaboration.

C'est le régime de Vichy qui est responsable de la déportation de 76 000 juifs français et étrangers. C'est en effet à partir de juillet 1942 que la police française organise les premières rafles de juifs.

Philippe Pétain = il a été condamné à mort après la Libération, gracié et meurt en prison en 1951
Verdun = ville du nord de la France où les Français se sont battus violemment contre les Allemands en 1916
Chef du gouvernement = premier ministre
Chef de l'Etat = président de la République
Vichy = siège du gouvernement Pétain dans la France centrale

C'est aussi en 1942 que Maurice Papon détient le poste de secrétaire général à la préfecture de Bordeaux où il s'occupe des 'questions juives'. Entre 1942 et 1944 il participera à la déportation de 1600 juifs.

Malgré sa participation à l'envoi de juifs dans les camps de concentration allemands, Papon échappe en 1944 au traitement réservé aux collaborateurs qui s'appelle 'l'épuration', c'est-à-dire le jugement et la condamnation des collaborateurs.

Au contraire, il continue sa carrière politique:

- En 1958, il devient préfet de Police à Paris (sous Charles de Gaulle) et le restera pendant neuf ans.
- En 1978, il est nommé ministre des Finances (sous Valéry Giscard d'Estaing).

Charles de Gaulle = né en 1890 et mort en 1970, il était l'initiateur de la résistance française pendant la deuxième guerre mondiale
Valéry Giscard d'Estaing = président de la République de 1974 à 1981

Cependant, c'est seulement en 1981 que les premières plaintes apparaissent contre Maurice Papon pour ses actions contre la communauté juive pendant les années 40. Il est aussi accusé du massacre de 200 Algériens en 1962 pendant l'événement de la bastonnade de Charonne (la tuerie de la station de métro Charonne), quand il était alors encore préfet de Police à Paris.

4 Au mois d'octobre 1997, Maurice Papon est finalement mené en justice. Après le procès de deux autres collaborateurs (Klaus Barbie en 1987 et Paul Touvier en 1994), Maurice Papon est enfin jugé pour 'complicité de crimes contre l'humanité'. Il est important d'annoncer que le procès Papon a fait l'objet de forts débats dans le monde médiatique et dans la société française dû au fait que ce n'est pas seulement l'homme Papon qui a été jugé mais, à travers lui, l'administration française de Vichy. En fait, bien qu'il soit accusé d'avoir contribué à la déportation de près de 1500 juifs entre 1942 et 1944, il semble qu'il ait été utilisé comme bouc-émissaire dans le but de mettre en procès tous les collaborateurs de Vichy.

Un autre aspect intéressant de ce procès, et qui a provoqué des controverses (surtout parmi les familles de victimes), est l'attitude de Papon lui-même: il n'a jamais accepté d'être responsable de la mort de tant de personnes juives. Au contraire, il a dit qu'il avait simplement obéi aux ordres de ses supérieurs et il a déclaré qu'il avait même sauvé des vies. Tout au long du procès, il n'a montré aucun remords aux victimes. Il a simplement dit être la victime des médias et s'est constamment plaint de la justice et des conditions de détention.

Finalement, après 16 années de procédure judiciaire, six mois d'audience à la Cour d'Assises de Bordeaux (où il a été porté en justice) et 19 heures de délibération, Maurice Papon a été condamné à 10 ans d'emprisonnement. Il a aussi été condamné à payer plus de 4 millions de francs d'indemnités aux victimes. Il est détenu en Suisse, puis fin 1999 il rejoint la 'prison de la santé', son état de santé s'étant dégradé, principalement dû à son vieil âge (il avait 87 ans quand son procès a commencé).

A peine trois années après sa condamnation, l'annonce de la libération de Papon a encore une fois suscité de nombreux débats dans la société française.

Audience = hearing

The past historic/the imperfect subjunctive

5 The past historic is a peculiar tense in the sense that it is not generally used orally, except very rarely in formal speech (such as political address). More often, the perfect tense (*passé composé)* is used. The past historic is also referred to as the literary past tense due to the fact that it is mainly used in novels and newspaper articles. In French, it is called the *passé simple.* The action(s) of the past historic are completed and have no relation with the present tense. The formation of the past historic is divided into three categories: regular verbs, irregular verbs built on the past participle, and irregular verbs.

Regular verbs

• *Er* verbs: Drop the er and add the following ending: ai/as/a/âmes/âtes/èrent

Example: parler
               je parlai/tu parlas/il-elle-on parla/nous parlâmes/vous parlâtes/ils-elles parlèrent

Some irregular verbs in the present tense are regular in the past historic.

Example: aller
               j'allai/tu allas/il-elle-on alla/nous allâmes/vous allâtes/ils-elles allèrent

• *Ir* and *re* verbs: drop the *ir/re* and add the following endings: is/is/it/îmes/îtes/irent

Example: finir
               je finis/tu finis/il-elle-on finit/nous finîmes/vous finîtes/ils-elles finirent

Example: attendre
               j'attendis/tu attendis/il-elle-on attendit/nous attendîmes/vous attendîtes/ils-elles attendirent

Irregular verbs built on the past participle

The following endings are added to the past participle* of the verb: s/s/t/îmes or ûmes/îtes or ûtes/rent.

Example: The past participle of partir is parti.
               je partis/tu partis/il-elle-on partit/nous partîmes/vous partîtes/ils-elles partirent

Example: The past participle of avoir is eu
               j'eus/tu eus/il-elle-on eut/nous eûmes/vous eûtes/ils-elles eurent

Consider some of the useful verbs which follow this rule:
dormir/sortir/boire/connaître/courir/devoir/lire/pouvoir/recevoir/savoir/vouloir

* Note: if the past participle of a verb ends with a consonant, the final consonant must be ignored (example: mettre/mis je mis/tu mis/il-elle-on mit/nous mîmes/vous mîtes /ils-elles mirent).

Irregular verbs

The most common irregular verbs are:
écrire/conduire/naître/voir/faire/mourir/être/tenir/venir

Example: Faire (je fis/tu fis/il-elle-on fit/nous fîmes/vous fîtes/ils-elles firent)

6 Like the past historic, the imperfect subjunctive is used mainly in written language when the verb in the main clause is in the past tense or in the conditional. In speech, the present subjunctive is used instead. Consider the following examples:

Example: Je souhaite qu'il soit là.
                The verb in the main clause is in the present tense,
                the present subjunctive is used.
                This sentence can be used both in speech and in writing.

Example: Je souhaitais qu'il soit là (present subjunctive)
                Je souhaitais qu'il fût là (imperfect subjunctive)
                The verb in the main clause is in the imperfect,
                the present subjunctive or the imperfect subjunctive can be used.
                The present subjunctive can be used both in speech and in writing,
                but the imperfect subjunctive is generally not used in speech.

In order to form the imperfect subjunctive, you must know the past historic. Indeed, the imperfect subjunctive is formed by dropping the s from the second person singular form (tu) of the past historic and adding the following endings: sse/sses/^t/ssions/ssiez/ssent.

Example: regarder (past historic with tu: tu regardas)
                je regardasse/tu regardasses/il-elle-on regardât/nous regardassions/vous regardassiez ils-elles regardassent

Example: finir (past historic with tu: tu finis)
                je finisse/tu finisses/il-elle-on finît/nous finissions/vous finissiez/ils-elles finissent

Example: entendre (past historic with tu: tu entendis)
                j'entendisse/tu entendisses/il-elle-on entendît/nous entendissions/vous entendissiez /ils-elles entendissent

Note: You must know about the existence of the imperfect subjunctive and its formation, but you are advised to keep to the present subjunctive as it is more manageable.

**105
minutes**

Use your knowledge

Creative writing

Regardez cette image, considérez le titre et répondez aux questions.
Ecrivez environ 250 mots.

Le procès Papon: le procès de la France?

Que représente Maurice Papon pour vous? Que pensez-vous
du procès Papon et de son verdict? A votre avis, de quoi
Maurice Papon est-il coupable?

*Press Associatio
February 199*

The past historic/the imperfect subjunctive

The past historic

Complétez les phrases suivantes avec la forme correcte du
verbe au passé simple.

1 Elle _____ souvent à la fête foraine. (aller)

2 Ils _____ leurs compatriotes. (défendre)

3 Nous _____ notre discussion avec le roi. (finir)

4 Vous _____ tort de céder à ses pressions. (avoir)

5 Je ne _____ répondre à la question. (pouvoir)

The imperfect subjunctive

Complétez les phrases suivantes avec la forme correcte du verbe à l'imparfait du
subjonctif.

1 Je craignais que tu ne _____ l'invitation. (refuser)

2 Nous aimerions que vous _____ la question. (écouter)

3 Tu voulais que je _____ ici. (être)

4 Il avait peur que je ne _____ sans toi. (partir)

5 Vous douliez que nous _____ si longtemps. (attendre)

10 minutes

Test your knowledge

Writing/task-based assignment

1 In the case of the task-based assignment, the stimulus is often a s_____ of a practical, real-life situation and can be b_____ -orientated.

2 It is important to a_____ the contents of the data in detail before commencing the written task. The answer to the stimulus should include a r _____ outcome.

L'économie en France

3 Quel parti politique a apporté le système de nationalisation des entreprises?
a) le parti de gauche b) le parti de droite
Qu'est-ce que la planification?

4 Qu'est-ce que la caisse d'épargne?
En quelle année est-ce que la Banque de France a été créée – 1800 ou 1900?

5 Vrai ou faux? Il existe un déséquilibre économique entre la région parisienne et le reste de la France.
Depuis quelle création européenne importante est-ce que la France rurale a commencé à changer?

6 Pourquoi est-ce qu'il y a eu en France une politique de l'énergie plus autonome?
Qu'est-ce que des PME?

7 Qu'est-ce que le service tertiaire?
Quels sont les deux secteurs de transport qui ont été en expansion depuis des années?
Depuis quand la France a-t-elle adopté une libération des échanges commerciaux?

The pluperfect

8 Its formation is easy as long as you know the _____ tense of être and avoir and most past p _____ .

Answers

1 simulation/business 2 analyse/reasoned 3 a/un programme économique 4 banque où l'on économise de l'argent/1800 5 vrai: marché commun agricole 6 à cause de la dépendance énergétique/petites et moyennes entreprises 7 commerces-administrations-banques/transports routiers et aériens/la 2ème guerre mondiale 8 imperfect/participles

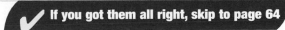

✔ **If you got them all right, skip to page 64**

60 minutes

Improve your knowledge

Writing/task-based assignment

1 If you are business-orientated or if you like solving problems by taking personal initiative and using your own judgement, the task-based assignment may be the written task that you ought to consider. However, the assignment does not have to be about business, it can be non-specialised. In any case, the task is often a simulation of a practical, real-life situation. For this type of work, you are required to analyse the contents of a stimulus, which often takes the form of a letter, a fax or a written message, and use it to reach a plausible outcome. It is advisable to build up your skills of analysis and interpretation by trying to deal with real projects concerning France and French people. Take advantage of technology (Internet/e-mail) to communicate abroad. It is good practice for your examination. Make it as realistic as possible! The task-based assignment represents a combination of linguistic skills (reading and writing) with your own initiative and problem-solving skills.

2 There are three main stages to the task-based assignment: a) read the stimulus b) read the instructions c) reply to the stimulus in writing.

Read the stimulus: very often, the stimulus is a letter in French from which you must try to extract the essential points (data) in order to respond efficiently. Indeed, before replying, you must ensure that you have selected the key points of interest, which you will have to interpret in your response. You must also ensure that you have foreseen the problems which you will have to solve.

Read the instructions: this part refers to the situation, the data and the task. The instructions are outlined in English and represent the various stages which you must take into account to deliver a solution to the problem decribed. Do not neglect them, they are as important as the stimulus itself.

Reply to the stimulus in writing: as in any other pieces of writing, your reply should be well-planned, imaginative and evaluative and should contain a reasoned outcome. The language should be as accurate as possible and a wide range of vocabulary and phrases should be used.

L'économie en France

3 L'Etat français et l'économie: après la deuxième guerre mondiale, le rôle de l'Etat s'est accru pour une nécessité de reconstruction économique. Depuis, cette économie est devenue libérale, ouverte au reste de l'Europe et du monde.

L'économie en France a particulièrement été marquée par des périodes alternées de nationalisations et privatisations des entreprises. C'est en 1981, avec François Mitterrand comme président de la république, que le parti de gauche a apporté le phénomène de nationalisation. Entre 1986 et 1988, c'est la droite qui privatise à nouveau.

La privatisation s'est alors faite sur des banques majeures comme la Société Générale, qui avait été auparavant nationalisée par les socialistes. Après les élections législatives de 1993 (entre 1994 et 1995), les privatisations continuent avec la BNP (banque nationale de Paris) ou encore la Seita (compagnie de tabac).

La nationalisation = action de transférer à l'Etat la propriété d'un bien
La privatisation = action de faire gérer par une entreprise privée

Un autre aspect important de l'Etat français et de son intervention dans l'économie est le système de planification. La planification a été créée après la deuxième guerre mondiale en 1946 pour le besoin de reconstruction. C'est en fait un programme économique! Dans les années 1950, 1960 et 1970, l'accent avait été mis sur la modernisation des industries, l'amélioration agricole, le souci de productivité, d'échanges extérieurs et de compétitivité économique.

L'année 1981 a vu la création d'un ministère du Plan et de l'aménagement du territoire pour une expansion économique. En 1982 est apparu le phénomène de la décentralisation, appelé aussi la démocratisation.

Le dernier plan a bien sûr été celui de la France et de son économie au sein de l'Europe (entre 1989 et 1992).

La décentralisation = action de rendre (une économie) plus autonome

4 Le système bancaire et d'épargne: en France, il existe six catégories de banques:

* les banques à vocation générale et spécialisée
* les établissements mutualistes et corporatifs
* les caisses d'Epargne et de prévoyance
* le crédit municipal
* les institutions financières spécialisées.

La caisse d'Epargne est un établissement populaire en France où la plupart des Français déposent leur argent pour le faire fructifier.

En France le système bancaire est important et certains établissements bancaires ont même une renommée mondiale: le Crédit Agricole, le Crédit Lyonnais, la BNP, la Société Générale. Il ne faut certainement pas oublier la Banque de France, créée en 1800 et nationalisée en 1945.

Un crédit = a loan/mortgage

Les PTT (la Poste et France Télécom) offrent aussi maintenant un service financier.

Les banques ne sont pas les seuls établissements financiers à jouer un rôle important dans l'économie française, les assurances y trouvent aussi leur place. Elles se trouvent au 5ème rang mondial avec un groupe d'assurances privées, nationalisées et de mutuelles. Les Français, par leur nature prévoyante, sont de bons clients pour les compagnies d'assurances. Par contre, ils n'aiment pas jouer à la Bourse, qu'ils trouvent trop risqué. L'actionnaire type a plutôt tendance à être jeune (moins de 25 ans) avec un jugement financier qui n'est pas toujours précis. La Bourse de Paris est bien sûr la plus importante, suivie par des Bourses de province (Bordeaux, Marseille, Lyon).

En résumé, il faut dire que le Français moyen est conscient de l'importance d'investissements financiers, mais il n'est pas prêt à prendre de gros risques tels que les risques boursiers.

La Bourse = stock exchange
Un actionnaire = stockholder/shareholder

5 L'aménagement du territoire français et les changements de la France rurale: il existe en France un déséquilibre économique entre la région parisienne et le reste du pays, dû à une concentration politique et administrative de la capitale. De même, on peut constater une inégalité économique entre certaines régions qui sont nettement plus industrialisées et agricoles que d'autres. Par exemple, l'industrie et l'agriculture sont beaucoup plus riches dans le nord-est que dans les régions du centre ou du sud de la France. Pour essayer de remédier à ce problème, une loi a été mise en place en 1994 pour le développement et l'aménagement du territoire.

Les initiatives suivantes ont été prises:

- primes données aux régions industrielles pauvres (la Bretagne/le Centre-Ouest/ le Sud-Ouest)
- zones à rénovation rurale (le Centre/la Bretagne/l'Auvergne)
- zones avec des exonérations fiscales (le Nord/le Centre-Est/le Sud-Est)
- zones à espaces urbains et touristisques améliorées (la Côte Aquitaine/la Corse).

Une prime = allowance
Une exonération fiscale = tax exemption

La vie rurale en France a commencé à changer depuis la création du Marché Commun Agricole et de la Politique Agricole Commune (la PAC). En effet, l'agriculture a toujours tenu une place importante dans la vie économique française mais depuis 1984, elle est déficitaire dû au fait qu'elle reçoit moins par rapport à ce qu'elle apporte à la CEE. La France demeure le premier pays agricole de la communauté européenne mais les agriculteurs sont mécontents parce que le MCM (montants compensatoires monétaires) a favorisé d'autres pays au détriment de la France.

Être déficitaire = to be in deficit

De plus, la France agricole a dû se moderniser à cause d'une économie devenue plus moderne. Elle a connu la mécanisation (avec les tracteurs), la chimisation (avec l'arrivée des engrais et insecticides) et n'oublions pas, plus récemment, la révolution biologique avec l'Institut National de la Recherche Agronomique qui a créé le maïs hybride et la nouvelle variété de blé appelé 'Etoile de Choisy'.

Les engrais = fertilizers
Le maïs = corn
Le blé = wheat

Il est aussi important de dire que la France a été désavantagée pendant des années d'avoir énormément de petites fermes (appelées des micro-exploitations) qui monopolisaient une grosse main-d'œuvre. Par conséquent, elle a essayé de réduire leur nombre ou, cas échéant, de les agrandir. Cette tactique s'appelle le remembrement.

Le remembrement = regroupement de champs dispersés pour mettre fin au morcellement excessif de la propriété rurale = land reallotment

Alors, dans quel(s) secteur(s) agricole(s) peut-on dire que la France se maintient toujours en bonne position?

- dans la production du sol: le blé, le vin, le sucre, la pomme de terre, la betterave à sucre
- dans la production animale: la production laitière et la viande de bœuf et de porc (bien que la crise de la vache folle ait eu ses répercussions)

L'élevage joue un rôle important dans l'économie française. Il procure 60% du revenu du paysan. La France est le plus gros producteur de viande du Marché Commun et le Français est connu pour détenir le record du plus gros mangeur de viande en Europe.

Au niveau des produits laitiers, l'Hexagone est renommé pour sa variété immense de fromages (350 variétés de fromages au total).

La pêche est aussi un secteur de l'économie française important, étant donné que la France couvre 3000 kilomètres de côtes. Les principaux ports de pêches sont en Bretagne avec les ports de Concarneau et Lorient mais aussi dans l'Ouest à La Rochelle et dans le Sud à Sète.

La France est aussi recouverte de forêts à 25% qui bénéficient d'une politique de reboisement. La plupart de ces forêts appartiennent aux communes mais 10% (appelées forêts domaniales) sont la propriété de l'Etat.

Le reboisement des forêts = reforestation

6 Les énergies et les industries en France: depuis les années 1960, la France a connu une 'soif d'énergie' principalement à cause des développements constants des industries, de l'agriculture, des transports et du confort ménager. Cependant, pendant des années elle s'est trouvée dans une situation de dépendance énergétique (n'ayant pas les ressources naturelles), l'obligeant à faire appel à l'importation ce qui, par conséquent a apporté un fardeau à l'économie française. Depuis les années 1970, la France s'est donc efforcée de développer une politique de l'énergie plus autonome.

- Elle a essayé de faire des économies d'énergies.
- Elle a installé des centrales nucléaires (example: La Hague qui traite des déchets radioactifs et en extrait le plutonium).
- Elle a adopté des énergies différentes: énergie éolienne (en Bretagne), énergie marémotrice (la plus grande usine marémotrice du monde est à La Rance en Bretagne), énergie solaire.

En 1976, elle a construit 'Super-Phénix', un surgénérateur pour lequel EDF (Electricité De France) a participé.

Energie éolienne = énergie provenant du vent
Energie marémotrice = énergie qui produit de l'électricité avec la force des marées
Un surgénérateur produit plus de matières fissiles (chimiques) qu'il n'en consomme.

L'industrie française est formée du secteur nationalisé et du secteur privé. La plupart des entreprises sont des PME (petites et moyenne entreprises). Parmi les firmes les plus importantes de France, on peut mentionner l'EDF (Electricité de France), les industries automobiles (Renault, Peugeot-Citroën), France Télécom, les supermarchés Leclerc et Carrefour. Les régions dans lesquelles elles ont tendance à se concentrer sont le Nord, La Lorraine, Paris, le Rhône, Les Alpes et Marseille.

Comme beaucoup de pays européens, la France n'a pas été épargnée par la crise économique des années 70 et par la récession des années 80. Certaines de ces industries ont été plus touchées que d'autres par le chômage: l'industrie textile, le charbon et la sidérurgie, la construction navale. Par contre, l'industrie agro-alimentaire, aéronautique, éléctronique et pharmaceutique ont été vues comme les industries de l'avenir.

L'industrie agro-alimentaire en France couvre un réseau immense avec des noms comme: Gervais-Danone, Evian, Kronembourg, Lesieur ... Elle est très diverse et a une balance commerciale excédentaire.

Les industries chimiques, aussi ont une balance commerciale excédentaire et regroupent des noms comme l'Oréal (parachimie) ou encore Michelin (pneumatique).

La sidérurgie = iron and steel industry
Excédentaire = surplus

7 Le secteur tertiaire: il représente toutes les activités non directement productrices de biens de consommations (commerces, administrations, services). En France, il est divisé en deux catégories avec le secteur tertiaire marchands (transports, banques, commerces) et le secteur tertiaire non marchands (enseignement, santé).

Le commerce intérieur a connu des changements draconiens ces dernières années avec en particulier la disparition des 'petits commerces' qui ont fait place aux 'grandes surfaces'. Ces grandes surfaces et hypermarchés sont nombreux en France et sont très bénéfiques à l'économie française (on peut mentionner Carrefour et Mammouth). De façon à faire plus de profit, on a vu les techniques de vente se perfectionner grâce à la publicité, les ventes à crédit et les ventes par correspondance (les plus connues sont La Redoute et les 3 Suisses). Il est aussi apparu le système du commerce intégré (qui regroupe une diversité de petits commerces). A Paris, on peut trouver de grands magasins comme le Printemps, les Galeries Lafayette, la Samaritaine ou des magasins plus populaires et moins denses comme Prisunic et Monoprix.

Le commerce extérieur s'est développé depuis la libération des échanges après la deuxième guerre mondiale.

Les dates suivantes sont à considérer:

1948   la France adhère au GATT (remplacé en 1995 par l'OMC c'est-à-dire l'organisation mondiale du commerce.)

1948   la France adhère à l' OECE (qui est l'organisation européenne de coopération économique)

1951   la France adhère à la CECA (communauté européenne du Charbon et de l'Acier)

1957   la France adhère à l'UEE (union économique européenne)

Au niveau des transports, on peut dire que la France jouit d'un réseau routier en expansion (c'est le plus dense du monde). C'est en 1955 que le système autoroutier a été installé avec la venue des péages qui représentent un très bon investissement dans ce secteur. Le secteur aérien est aussi en bonne forme.

Ce sont les transports maritimes qui ont montré le plus de difficultés. La vente du 'Paquebot France' en 1980 à la Norvège qui était alors la propriété de l'Etat français avait attristé la nation entière. Depuis la France s'est concentrée sur le développement de navires spécialisés et la modernisation des ports.

The pluperfect

The pluperfect is used to express a past action completed before another past action.

Example: Il était déjà endormi quand je suis arrivé.

Its formation is easy as long as you know the imperfect tense of être and avoir and the past participle of the main verb. Consider the following examples:

Etudier: J'avais étudié (I had studied)

Partir: J'étais parti (I had left)

If you know the perfect tense perfectly, you should also know the pluperfect perfectly!

100 minutes

Use your knowledge

Writing/task-based assignment

Situation: You are presently doing business studies and French at A level. Your parents, who own an off-licence in the region of Birmingham, have received an offer from a wine grower in France for a young person to be trained for a short time in their wine business. In exchange, your parents will promote their wine in England. Your parents believe that this offer could be a good opportunity for you and also for their off-licence. They would like you to compose a reply on their behalf.

Data: the letter from the wine grower.

Task: your parents may be very keen on sending you to France for this professional opportunity but you feel that your studies in business and French at A level are not sufficient for this kind of training. Taking this into account and any other points from the data, write a letter of 200–250 words expressing your concerns.

Viticulteur du domaine 'le Pommier'
Monsieur et Madame Leblanc
25 route de Beaune
Gevrey Chambertin
21700 Dijon

Date: le 12 avril 2000

M. et Mme Smith
7 Birmingham Road
Erdington
Birmingham
B24 6QH

Monsieur, Madame,

C'est en consultant la Chambre de Commerce de Birmingham que l'on m'a donné une liste d'adresses des marchands de vins de votre région. Nous sommes une maison de viticulteur de Gevrey Chambertin en Bourgogne et nous recherchons une jeune personne à former sur le commerce du vin. Nous travaillons dans la fabrique du vin de Bourgogne depuis plus de 50 ans, mais ces dernières années, nous avons constaté que le vin français ne se vend plus aussi bien à l'étranger, dépassé par les vins australiens ou californiens. De plus, il semble que la jeune génération ne trouve plus cette profession attrayante. Pour ces deux raisons, je voudrais proposer à un(e) jeune Britannique qui poursuit des études de commerce et parle bien la langue française de venir faire un stage de trois mois chez nous. Cette personne sera logée et nourrie, bien entendu. En contre partie, nous lui demanderons de promouvoir notre vin une fois de retour en Angleterre.

Nous restons à votre disposition pour tout renseignement complémentaire et espérons que l'un de vos jeunes apprentis ou vendeurs sera intéressé par cette offre professionnelle et linguistique.

Veuillez agréer, madame, monsieur, nos salutations distinguées.

Monsieur et Madame Leblanc

10 minutes

Test your knowledge

La vie politique en France

1 a) Qui est le président de la République actuellement en France?
b) Comment s'appelle l'endroit où réside et travaille le président de la République?
c) Quand est la prochaine élection présidentielle en France: 2002/2003/2004?

2 a) Qui élit le premier ministre?
b) Le premier ministre est aussi appelé le chef du _____ .
c) Qui est le premier ministre actuel?

3 a) Le Parlement est composé de l'Assemblée nationale et du _____ .
b) Est-ce que le Parlement s'occupe du pouvoir exécutif ou législatif?

4 a) Quel est le parti dominant de la droite?
b) Quel est le parti dominant de la gauche?
c) Qu'est-ce que la bipolarisation?

Expressions of time

5 a) Ça fait deux heures que je t'attends!
Rewrite this sentence with 'depuis' instead of 'ça fait que'.
b) What is the French for 'ago'?

6 a) Il partira _____ deux heures.
Il est parti _____ deux heures.
Fill in the gaps with either 'pour' or 'pendant'.
b) Elle a fait la traversée de la Manche en 30 minutes.
Why is 'en' used?

7 What is the meaning of 'venir de' in this sentence: Je viens de quitter la maison?

Answers

1a Jacques Chirac b l'Élysée c 2002 2a le Président de la République b gouvernement c Lionel Jospin 3a Sénat b législatif 4a le RPR b le PS c tendance au regroupement en deux blocs de diverses forces politiques d'une nation 5a J'attends depuis deux heures b il y a 6a pour/pendant b it is a realisation or achievement 7 have just

✔ **If you got them all right, skip to page 71**

50 minutes

Improve your knowledge

La vie politique en France

La France est une république démocratique basée, depuis la révolution de 1789, sur le principe suivant: 'liberté – égalité – fraternité'. Depuis 1958, elle est devenue la 5ème République à l'élection du général de Gaulle. Le système politique français comprend un chef de l'État (le Président de la République), un chef du gouvernement (le Premier ministre), un gouvernement (les ministres), un parlement (avec une assemblée nationale et un sénat). Il existe aussi depuis 1982 une décentralisation politique avec 95 départements qui sont dirigés localement et jouissent d'une certaine autonomie. On peut mentionner le préfet qui est le représentant régional et départemental de l'Etat et le maire qui est â la tête d'une municipalité (une ville ou un village).

Key points from
AS in a Week

Le parti politique de
l'extrême droite
page 60

1 Le Président de la République: appelé aussi le chef de l'État, il est élu pour sept ans au suffrage universel direct. Cela signifie que toute personne de nationalité française, de 18 ans minimun a le droit de voter. Cette période au pouvoir de 7 ans est plus connue sous le nom de septennat. Récemment, un sondage a montré qu'une majorité de Français était en faveur d'un quinquennat, c'est-à-dire une période plus courte de 5 ans. Jacques Chirac, qui est le Président actuel de la France, réside et travaille au Palais de l'Élysée depuis 1995, année de son élection. Son mandat prend fin l'année prochaine en 2002. Jacques Chirac n'a pas été très populaire ces dernières années (principalement dû à la crise économique) et un déclin de son parti politique le RPR (le gaullisme) s'est fait ressentir en France. Il a même perdu sa position de maire de Paris il y a quelques mois au profit d'un maire de gauche (il faut dire que la mairie de Paris avait été de la droite pendant plus de cinquante ans).

L'élection présidentielle: en général les Français votent deux dimanches de suite (1er tour et 2ème tour) à moins qu'un candidat n'ait obtenu la majorité des votes (50% + 1 vote). Ce sont toujours les deux candidats qui ont reçu le plus de votes au premier tour qui peuvent se représenter au deuxième tour.

Le RPR (Rassemblement Pour la République) = parti de droite fondé par le général de Gaulle

Qui a été Président de la République depuis 1958?

1958–1969: Charles de Gaulle

1969–1974: Georges Pompidou

1974–1981: Valéry Giscard d'Estaing

1981–1995: François Miterrand

1995– : Jacques Chirac

Le Président de la République a une position souvent convoitée par les hommes politiques et il possède des pouvoirs divers.

Il désigne le Premier ministre: celui-ci doit cependant être issu du groupe majoritaire à l'Assemblée Nationale (par exemple, s'il y a une majorité de députés à l'Assemblée nationale de gauche, le Président doit élire un premier ministre de gauche, même si lui-même est de droite: ce phénomène politique s'appelle la cohabitation et se produit quand il y a des élections législatives à l'Assemblée Nationale (quelquefois après sa dissolution).

La cohabitation s'est produite deux fois sous la présidence de François Mitterrand en 1986 avec le Premier ministre Jacques Chirac et en 1993 avec le Premier ministre Edouard Balladur (dans ce cas avec un Président de la République de gauche et un Premier ministre de droite). Puis plus récemment en 1997, le Président de la République Jacques Chirac (de droite) a été forcé de nommer un Premier ministre de gauche Lionel Jospin. (Voir photo.)

Jacques Chirac et Lionel Jospin

*Press Association,
5 juillet 1997*

- Avec le gouvernement, le Président de la République peut aussi demander la dissolution de l'Assemblée Nationale.
- Avec le gouvernement, il exécute les lois (pouvoir exécutif), les promulgue ou refuse de les promulguer. Il peut aussi soumettre un référendum sur un projet de loi d'ordre public.
- Il s'occupe de la politique extérieure.
- Il est le chef des armées.
- Il a des pouvoirs exceptionnels en cas de menaces graves.

2 Le Premier ministre et le gouvernement

Le Premier ministre est donc élu par le Président de la République et il forme le gouvernement avec les ministres et les secrétaires d'Etat. Il est aussi appelé le chef du gouvernement. En effet, avec les ministres, il détermine et conduit la politique de la Nation. La plupart des hommes politiques qui atteignent ce poste, ont l'espoir de devenir Président de la République un jour. Jusqu'à maintenant, seuls Georges Pompidou et Jacques Chirac ont suivi cette route.

Avec le Président de la République, le Premier ministre assure l'éxécution des lois. Il est responsable devant le Parlement et à la charge de la défense nationale. Il dirige le Conseil des ministres qui a lieu tous les mercredis à l'Élysée.

Le Premier ministre réside et travaille à Matignon.

Le gouvernement actuel, dirigé par Lionel Jospin, a fait ressortir deux caractéristiques: il est formé d'une majorité de femmes et de différentes sections de la gauche (appelée la gauche plurielle). Depuis sa formation en 1997, la France a connu des changements positifs tels qu'une réduction de chômage et des créations d'emplois jeunes. Ceux-ci ont contribué à la popularité de Lionel Jospin ces dernières années mais, malgré cela il a récemment commencé à perdre de cette belle renommée. Il semble que Jospin soit devenu le 'bouc-émissaire' des Français qui 'en ont assez'.

3 Le Parlement

Il est composé de l'Assemblée Nationale et du Sénat et détient le pouvoir législatif. Son pouvoir est cependant limité depuis 1958 au profit du chef de l'État et du gouvernement qui ont le pouvoir exécutif. Il propose, débat, amende et vote les lois. Il est impératif que les lois soient votées de façon égale par l'Assemblée Nationale et le Sénat mais, néammoins, s'il y a un désaccord, la décision prise par l'Assemblée Nationale est prioritaire.

L'Assemblée Nationale	Le Sénat
• 577 députés élus pour 5 ans au suffrage universel (ils y représentent les Français)	• les sénateurs sont élus par des conseillers municipaux, généraux, régionaux pour 9 ans
• le Président de l'Assemblée est élu pour 5 ans par les députés et dirige les débats	• ils sont souvent des maires ou des conseillers municipaux
• elle siège au Palais Bourbon	• ils représentent les 'collectivités territoriales'
	• il siège au Palais du Luxembourg

4 Les différents partis politiques

Depuis 1958, la vie politique en France a connu une bipolarisation constante entre la droite et la gauche. Cette confrontation perpétuelle est principalement due au fait que leurs membres ont des perceptions politiques différentes. Pourtant, il faut dire que cette bataille est dépassée et ne signifie plus grand-chose dans le monde politique français actuel. Par exemple, la cohabitation a prouvé que deux hommes politiques de partis de droite et de gauche peuvent travailler ensemble. Par contre, un membre du RPR (droite) sera totalement en désaccord avec un membre du Front national (pourtant de la droite aussi).Traditionnellement, l'homme de la droite est perçu comme nationaliste, traditionaliste avec l'esprit d'entreprise et d'économie libérale, tandis que l'homme de la gauche est plus universaliste, anti-raciste, croit aux opportunités pour tous et dénonce les inégalités sociales.

Les partis politiques français principaux en 2001:

Les partis de la droite	Les partis de la gauche
La droite a été majoritaire de 1958 à 1981, 1986 à 1988, en 1993 (aux élections législatives)	La gauche a été majoritaire de 1981 à 1986, 1988 à 1993, en 1997 (aux élections législatives)
1) Le RPR (Rassemblement Pour la République) mouvement gaulliste fondé en 1976 Président: Jacques Chirac jusqu'en 1994 Alain Juppé depuis 1995	1) Le PS (Parti Socialiste) Il s'agit du nouveau parti socialiste fondé en 1969 et qui a pris naissance en 1971 avec François Mitterrand 1981: PS au pouvoir avec François Mitterrand (Pierre Mauroy: 1er ministre)

> 2) L'UDF (Union pour la Démocratie Française) fondé en 1978 (centriste)
> Président: Valéry Giscard d'Estaing
> Président actuel: François Bayrou
>
> 3) le FN (le Front National) extrême droite fondé en 1972
> Président: Le Pen (petit parti mais à partir de 1984, son nombre de suffrage a augmenté)
> Son but principal est de lutter contre l'immigration
>
> 1995: Lionel Jospin président du PS
>
> 2) Le PC (Parti Communiste) né en 1920. Son action est fondée sur le marxisme-léninisme. C'est le parti de la classe ouvrière.
> Dans l'opposition jusqu'en 1981
> Président: Georges Marchais
> Président depuis 1994: Robert Hue

Autres partis:
- Les Verts (fondé en 1984) avec Antoine Waechter.
  Président actuel: Dominique Voynet. Ils luttent principalement contre le nucléaire.
- Génération Écologie (fondé en 1991) par Brice Lalonde. Ils s'opposent aux Verts.

Expressions of time

5 Depuis/Ça fait … que/Il y a … (que). Study the following examples and the use of the present tense:
- Nous attendons le bus depuis vingt minutes.
- Ça fait vingt minutes que nous attendons le bus.
- Il y a vingt minutes que nous attendons le bus.

The three sentences mean: we have been waiting for the bus for twenty minutes. When *depuis* means *for* in English, these three expressions can be used.

But:
- Je vis ici depuis Noël: I have been living here since Christmas.

If you need to translate *since* into French, you must use *depuis* only (or *ça fait depuis … que*).
- Ça fait depuis Noël que je vis ici.

You cannot use *il y a …-que.*

The same rules apply in the imperfect tense, when one wants to translate *had been.*
- Nous attendions le bus depuis vingt minutes.
- Ça faisait vingt minutes que nous attendions le bus.
- Il y avait vingt minutes que nous attendions le bus.

The three sentences mean: we had been waiting for the bus for twenty minutes.

But:
- Je vivais ici depuis Noël: I had been living here since Christmas.
- Ça faisait depuis Noël que j'habitais ici.

Note: *il y a* without *que* means *ago* (example: J'habitais ici il y a deux ans = I lived here two years ago).

6 Pour/pendant/en

Pour is used to express the duration of an action in the future (with the present or future tense) with a predicted length of time.

Example: Je commence mes études au collège pour deux ans.
Je resterai en vacances pour trois semaines.

Pendant is used to express the duration of an action in the past (with past tenses).

Example: J'ai étudié pendant trois ans.

En can be used with any tense to introduce the amount of time taken to complete an action.

Example: J'ai répondu à toutes les questions correctement en cinq minutes!
Je passerai mon baccalauréat en un an!

7 Venir de + infinitive

Example: Elles viennent de réussir à leur examen (they have just passed their exam).

Example: Elles venaient de réussir à leur examen (they had just passed their exam).

Venir de + inf in the present tense means *have just (done something)*.

Venir de + inf in the imperfect tense means *had just (done something)*.

25 minutes

Use your knowledge

La vie politique en France

TRACK 3

Ecoutez l'extrait numéro 2 du CD. Il s'agit d'un rapport sur la position politique de Lionel Jospin en France en juin 2000. Trouvez cinq phrases qui sont fausses et marquez-les avec une croix (✗).

1   Lionel Jospin va se rendre aux Jeux Olympiques pour la troisième fois. ☐

2   Lionel Jospin a invité ses ministres à un repas au mois de mai. ☐

3   Les ministres pensaient que Jospin était en forme. ☐

4   Ça fait trois ans que Jospin est à Matignon. ☐

5   Pour son anniversaire, Jospin a reçu une somme d'argent. ☐

6   Lionel Jospin était certain qu'il pouvait réduire le chômage en 1997. ☐

7   En 1997, l'avenir paraissait incertain. ☐

8   Au printemps 2000, il semble que la situation de la France se dégrade. ☐

9   14% de la baisse du chômage est grâce aux emplois-jeunes et aux 35 heures. ☐

10   Plus de la moitié des Français soutiennent l'action Jospin. ☐

Expressions of time

Traduisez les phrases suivantes en français.

1   I managed to finish my essay in half an hour.

2   Last year, my parents and I went on holiday together for three weeks.

3   I was told that you (informal) had just left the canteen when I arrived.

4   We have been expecting her for days.

5   You will live abroad for four years.

6   I did not know you five years ago.

7   They (masculine) have just rung to say that they will not be coming tonight.

8   She has not been paying her bills since January.

9   He will certainly be able to run five miles in thirty minutes.

10   We had been homeless for a few years.

10 minutes

Test your knowledge

La France et ses relations européennes et internationales

1 La France et son engagement dans la construction de l'Europe
Avant la 5ème République, la France a participé activement à la construction de l'Europe des _____ .
b) Lequel de ces présidents de la République a été hostile à l'adhésion de la Grande-Bretagne au Marché commun: De Gaulle, Pompidou ou Giscard d'Estaing?
c) Quel homme politique français était président de la Commission Européenne en 1985?

2 La France et l'Europe actuelle
A quelle date est-ce que l'euro remplacera la monnaie nationale?
Au début de l'année 1999, combien de francs représentaient 1 euro?
Que s'est-il passé le 9 mai 1998 en France?

3 La France et ses relations internationales
Vrai ou faux? La France est le 1er pays à avoir possédé des ambassadeurs.
Quel traité est-ce que la France a signé en 1949 pour contribuer au maintien de la paix dans le monde?
Quel ministère a été créé en France en 1981 pour aider les pays pauvres de colonies françaises à se rétablir?

The future perfect and the past conditional

4 The future perfect is formed with the _____ tense of 'être' or 'avoir' plus the p_____ p _____ of the main verb.

5 The past conditional is formed with the _____ tense of 'être' or 'avoir' plus the p_____ p_____ of the main verb.

Answers

1a six b De Gaulle c Jacques Delors 2a 1er janvier2002 b entre 6F50 et 6F60 c la Journée de l'Europe 3a vrai b le Traité de l'Atlantique Nord c ministère de la Coopération et du Développement 4 future/past participle 5 conditional/past participle

✔ **If you got them all right, skip to page 77**

50 minutes

Improve your knowledge

La France et ses relations européennes et internationales

1 Depuis la fin de la deuxième guerre mondiale, la France a joué un rôle majeur dans la construction de l'Union Européenne. En effet, c'est avant le commencement de la 5ème République et avant la présidence de Charles de Gaulle que la France a participé activement à la formation de l'Europe des six.

L'Europe des six comprenait: la France, la République Fédérale Allemande, l'Italie, la Belgique, le Luxembourg et les Pays-Bas. Ces pays représentaient aussi la CECA, c'est-à-dire la Communauté Européenne de Charbon et d'Acier. Il est important de souligner que la création de la CECA avait été proposée en 1950 par Robert Schuman, ministre des Affaires étrangères et puis, qu'elle a été présidée par un autre Français, Jean Monet à partir de 1951.

Il faut noter deux autres dates mémorables de la participation de la France dans l'Europe:

1948: la France est devenue membre de l'OECE (Organisation Européenne de Coopération Économique)
1949: la France a adhéré au Conseil de l'Europe.

Cependant, il faut dire que ce ne sont pas tous les hommes politiques français qui étaient en faveur d'une coopération économique et politique de l'Europe. Le général Charles de Gaulle désapprouvait la possibilité d'une suprématie européenne et était ouvertement contre tout pouvoir supérieur à celui du pouvoir national. D'ailleurs, il n'a pas hésité à montrer son hostilité à l'entrée de la Grande-Bretagne dans le Marché commun. En effet, c'est en 1957 que les six états-membres ont signé les traités de Rome qui confirment l'existence de la CEE (appelée aussi le Marché commun) et la CEEA (connue sous le nom d'Euratom)

Une suprématie = situation dominante en politique. On parle d'un pouvoir supranational!
La CEE = la Communauté Économique Européenne
La CEEA = la Communauté Européenne de l'Énergie Atomique

Cependant, ce refus d'admettre la Grande-Bretagne dans la Communauté européenne a pris fin grâce à l'arrivée de Pompidou en 1969 qui, pendant la Conférence de La Haye, a, au contraire, favorisé la présence de la Grande-Bretagne, de l'Irlande et du Danemark dans le Marché commun. En 1973, l'Europe des six est alors devenue l'Europe des neuf. Depuis cette période-là, la France n'a cessé de contribuer au fonctionnement de l'Europe. Après l'initiative de Pompidou, Valéry Giscard d'Éstaing a pris la relève en 1974. Considérons les dates suivantes:

1981: la Grèce devient le 10ème état-membre
1986: l'acceptation de l'Espagne et du Portugal forme l'Europe des douze

> **Key points from**
> ***AS in a Week***
>
> le cinéma française
> pages 68–69
>
> La Francophonie
> page 66
>
> Future and
> conditional tenses
> page 21

1995:   l'Autriche, la Finlande et la Suède joignent la CEE.

En 1985, un autre homme politique français, a joué un rôle primordial dans le développement de l'Europe: il s'agit de Jacques Delors.

Jacques Delors a été élu président de la Commission Européenne et a gardé cette position pendant huit ans, une période pendant laquelle il a essayé d'agrandir l'espace européen et de le rendre unique. En 1994, il a été remplacé par Jacques Santer.

En 1992, la France a aussi signé à Maastricht (Pays-Bas) le traité sur l'Union européenne. Il y a eu un référendum pour ou contre la ratification de ce traité dans tous les états-membres pour lequel les Français se sont montrés positifs mais seulement avec une majorité de 51%.

La ratification d'un traité = son approbation et confirmation formelle (en accord avec la loi)

2 Ces faits et dates nous amènent à la position de la France actuelle dans l'Europe et plus particulièrement au sentiment national concernant la disparition du franc en faveur de l'euro. Bien que les Français soient par nature très traditionalistes et très attachés à leur culture, ils ont depuis 1998 accepté en majorité la venue imminente de la monnaie européenne: l'euro. Par exemple, il est possible de voir dans la plupart des magasins français le double affichage des prix (en francs et en euros). A la fin de l'année 1998, la valeur d'un euro en argent français avait déjà été calculée: à ce moment-là, 1 euro représentait entre 6,50 francs et 6,60 francs. Pour bien renseigner les Français sur la monnaie européenne, certains services d'informations ont été mis en place: un centre d'information sur l'Europe dans le quartier de la Défense à Paris, des IPE (Info Point Euro) dans les grandes villes françaises, un numéro Vert sur l'euro (appel gratuit), le minitel et bien sûr l'accès à l'Internet.

De plus, le gouvernement français a mis à la disposition de ses citoyens une calculette spéciale pour aider à la reconversion du franc en euro et vice-versa.

Pour le moment, les Français ont encore le choix entre la monnaie nationale ou l'euro mais ils se préparent progressivement à la disparition du franc, ce qui s'effectuera en 2002: le 1er janvier 2002, l'euro remplacera le franc mais il sera possible de continuer à utiliser les pièces et les billets français jusqu'au 1er juillet 2002.

Le cœur de l'Europe se trouve en France dans un village de 2000 habitants appelé Blancafort dans la département du Cher!

Depuis 1997, divers sondages ont montré qu'il existe une image positive de l'Europe chez les jeunes Français. Pour eux, elle représente un meilleur avenir avec la liberté de mouvement dans d'autres pays, avec la possibilité de travailler partout en Europe sans restrictions et par conséquent de se forger un avenir économique plus sécurisant.

Mais si on considère l'opinion de la population française en général, dans la même année, 50% était en faveur de l'Europe avec seulement un tiers qui se déclarait bien informé sur l'euro. Pourtant, un an plus tard, le 9 mai 1998, les Français n'ont pas hésité à se regrouper partout en France pour célébrer l'unification de l'Europe. Ils ont participé avec joie aux 2000 manifestations et plus, qui se sont déroulées à travers l'Europe.

Le Journal du Dimanche, janvier 2001

3 La participation de la France à la construction de l'Europe n'a pas été son seul pas en avant pour de meilleures relations extérieures. Elle a aussi contribué à diverses ententes et divers compromis avec le reste du monde. Par ailleurs, il est intéressant de rappeler que la France est le premier pays à avoir possédé des ambassadeurs. Ceux-ci représentent la France dans chaque pays étranger, ont la position hiérarchique la plus élevée dans le domaine diplomatique et surtout ils ont droit à l'immunité diplomatique.

Immunité diplomatique = privilèges qui soustraient les diplomates étrangers aux juridictions du pays où ils résident

L'ambassadeur n'est pas la seule personne à représenter la France à l'étranger. Le ministère des affaires étrangères, aussi appelé le Quai d'Orsay, joue aussi un rôle majeur dans les relations internationales. Il est divisé en plusieurs sections qui s'occupent de secteurs particuliers:

- la direction des affaires politiques
- la direction des affaires africaines et malgaches
- la direction des affaires économiques et financières
- la direction des affaires culturelles, scientifiques et techniques
- la direction des Français à l'étranger et des étrangers en France.

Malgache = de Madagascar (ancienne colonie française indépendante depuis 1960)

Pour contribuer au maintien de la paix dans le monde, la France a signé en 1949, le Traité de l'Atlantique Nord (appelée aussi l'Alliance atlantique). Cependant, en 1966, elle a préféré garder une certaine autonomie vis à vis de l'OTAN dans le domaine de la défense tout en demeurant un membre à part entière de l'Alliance atlantique. La France n'a pas cessé d'apporter son soutien aux membres de l'OTAN en cas de conflits; elle a simplement voulu garder le contrôle de sa politique de sécurité.

L'OTAN = Organisation du Traité de l'Atlantique Nord

Depuis les années 80, la France a particulièrement soutenu les pays pauvres qu'elle avait colonisés et qui pour la plupart sont devenus indépendants. Elle s'est aussi beaucoup préoccupée des pays du Tiers monde (avec l'apport d'actions bénévoles comme Médecins Sans Frontières).

Il faut rappeler que la France a joué un rôle actif dans la colonisation de l'Afrique au cours du 19ème siècle et que jusque dans les années 60, il existait l'Afrique occidentale française (AOF) et l'Afrique équatoriale française (AEF). Ces deux parties ont retrouvé leur indépendance et ont été divisées en plusieurs états-souverains. Cependant, la France a maintenu un rapport étroit avec ces états pour les aider économiquement et militairement. Dans ce but, la France a créé en 1981 un ministère de la Coopération et du Développement. Cette action politique a eu pour objet de garder une relation égale avec ces pays, tout en les aidant à faire prospérer leur économie avec leurs propres moyens (surtout dans le domaine alimentaire).

Des MAC (Missions d'Aides et de Coopérations) ont été mises en place.

Au niveau sécurité-défense, la France a dû intervenir plusieurs fois dans certains de ces états: 1964 au Gabon, 1968 et 1978 au Tchad, 1977 au Zaïre, puis plus récemment en Centrafrique en 1997. Le fait que la France ait gardé 'un œil' sur certains de ces territoires a provoqué un faux sentiment de recolonisation.

The future perfect and the past conditional

4 The future perfect: the *futur antérieur* is formed by using the future tense of the auxiliary avoir or être followed by the past participle of the main verb. It is used to express a future action due to take place before another future action.

Example: Je serai partie quand il arrivera.

It is especially used after the following conjunctions: quand, après que, aussitôt que, dès que, tant que.

Example: Aussitôt que tu auras fait tes devoirs, tu pourras sortir.

5 The past conditional: the *conditionnel passé* is formed as above except that the conditional tense is needed instead of the future tense. It is used to express what someone would have done or what would have happened.

Example: Elle aurait réussi à son examen si elle n'avait pas eu de problèmes familiaux.

Note: when the main verb is in the past conditional, the verb introduced by *si* requires the pluperfect.

30 minutes

Use your knowledge

La France et ses relations européennes et internationales

'Le départ précipité du général Nezzar provoque les protestations des défenseurs des droits de l'homme.'

TRACK 4

Listen to extract number 3 of the CD and summarise this report in around 100 words of continuous English prose, addressing the points below:

- who is Khaled Nezzar and what are the possible reason for his departure?
- the plaintiffs' feelings
- the attitude and argument of the Quai d'Orsay
- the statement of the 'Convention of Nations'.

The future perfect and the past conditional

The future perfect

Remplissez les blancs avec la forme correcte du verbe.

1 Dès que tu _____ _____ (rentrer), je devrai partir.

2 Nous _____ _____ (décider) où aller avant que tu ne t'en rendes compte.

3 Vous vous _____ _____ (réveiller) avant la sonnerie du réveil.

4 Après qu'elle ———- ——— (partir), nous commencerons à travailler.

5 Je ne me _____ pas _____ (s'endormir) avant son retour.

The past conditional

Remplissez les blancs avec la forme correcte du verbe.

1 Elle _____ bien _____ (venir) mais elle n'avait pas assez de temps.

2 S'il n'avait pas tant plu, nous _____ _____ (pouvoir) jouer au tennis.

3 Il se _____ _____ (se coucher) plus tôt mais il avait trop de travail.

4 Si j'avais su, j' _____ _____ (refuser) l'invitation.

5 Tu _____ _____ (devoir) avoir plus d'argent à la banque mais tu as tout dépensé.

45 minutes

'Les viticulteurs du Languedoc protestent contre l'Europe'

TRACK 5

Écoutez l'extrait numéro 4 du CD dans lequel il s'agit de viticulteurs mécontents du sud de la France, puis répondez aux questions suivantes en français. N'oubliez pas d'utiliser vos propres mots!

1 Que s'est-il passé le vendredi 11 août 2000 à Montpellier? (3)

2 Quelles sont les deux demandes principales des viticulteurs? (2)

3 Qu'est-ce qui a augmenté de 35% ces quatre dernières années? (2)

4 A quelle période de l'année a-t-on constaté que 40% de la récolte de 1999 avait été déficitaire? (1)

5 Qu'est-ce qui fait concurrence aux vins français et ralentit leur vente? (3)

6 Pourquoi est-ce que les vins des pays de la Communauté européenne se vendent mieux? (1)

7 D'après les viticuleurs français, est-ce que les vins des pays de la Communauté européenne sont bien réglementés? Pourquoi? (3)

8 Qu'est-ce que la délégation de l'Office des vins demandera le 25 août 2000 au commissaire européen? (2)

'Surbooking: indispensable aux compagnies, intolérable aux passagers'

TRACK 6

Écoutez l'extrait numéro 5 du CD sur la pratique du 'surbooking' adoptée par les compagnies aériennes françaises et remplissez les blancs avec un des mots de la liste ci-dessous. Vous devez utiliser un mot différent chaque fois. Attention, il y a plus de mots dans la liste que vous n'en avez besoin!

Tous les ans, les compagnies aériennes françaises comme Air Liberté ou Air France, sont
_____ 1 _____ de pratiquer le 'surbooking' de façon à s'assurer qu'elles gardent des vols _____ 2 _____ à tout moment. Mais, à cause de ce système, l'été 2000 a particulièrement été difficile à _____ 3 _____.
Le nombre important de difficultés techniques a, en effet contribué au _____ 4 _____ des passagers, qui surtout dans le cas des long-_____5 _____ , se sont vus _____ 6 _____ pendant plus de 20 heures pour le prochain vol disponible. C'est surtout le personnel du sol qui souffre de ces

situations _____ 7_____ et, par conséquent, il a décidé de _____
8 _____ pendant deux jours. Il faut dire que ces employés sont non seulement
les victimes de violences _____ 9 _____, mais ils sont aussi _____
10 _____ les victimes de violences _____ 11 _____ , menant à
plusieurs cas de _____ 12 _____ nerveuses. Certains d'entre
_____ 13 _____ ont même dû venir travailler _____ 14
_____ de gardes du corps. Il est évident que les compagnies aériennes ont
_____ 15 _____ de plus d'employés, bien qualifiés. Aussi, il _____
16 _____ faire payer les réservations aux clients qui, jusqu'à maintenant sont
_____ 17 _____. Alors, ils n'annuleraient peut-être pas aussi facilement!

a) attendre b) eux c) dépressions d) gérer e) courriers f) voler g) intenables
h) manifester i) besoin j) obligé k) verbales l) physiques m) pleins
n) mécontentement o) pourrait p) forcées q) devenus r) escortés s) faudrait
t) gratuites

'Yahoo!: droit national contre réseau mondial'

TRACK 7

Écoutez l'extrait numéro 6 du CD qui fait référence à la question du respect du droit
national sur Internet et répondez aux questions ci-dessous en anglais.

1 What did the French justice order Yahoo to do on the 22nd of May 2000?   (1)

2 Who is against the auction on the Web?   (1)

3 What is the main reason for banning this auction?   (1)

4 Why is it so important for the French nation to ban access to this particular site in
France?   (2)

5 What happened in July 2000?   (1)

6 What could be the outcome of this court case eventually?   (2)

150 minutes

Listening and writing

Texte: 'Dépressif et discret'

Écoutez l'extrait numéro 7 du CD qui est divisé en deux parties. Écoutez la première partie de l'enregistrement et répondez aux questions suivantes en français. N'oubliez pas d'utiliser vos propres mots.

1 De quoi est accusé Abdel? (3)

2 Quelle(s) personne(s) témoigne(nt) dans ce reportage? (1)

3 Comment est-ce que la famille d'Abdel le décrit? (2)

4 Qu'est-ce que la famille d'Abdel attend? (1)

5 Pourquoi est-ce que la mère d'Abdel décide d'aller dans la cuisine? (1)

6 De quelle façon est-ce que le père d'Abdel a appris le décès d'un des membres de la famille? (1)

7 Quelle est l'autre nouvelle que le père d'Abdel a reçue ce soir-là? (1)

Total: /10

Écoutez la deuxième partie de l'enregistrement et résumez-la en anglais en 80 mots environ. Vous serez jugé sur le contenu et aussi la qualité de la langue anglaise.

Total: /10

Reading

Texte: 'Horodateurs: l'horreur!'

Lisez le texte ci-dessous et répondez aux questions en français en utilisant le plus souvent possible vos propres mots.

Depuis une dizaine de jours que je fréquente Paris, j'ai constaté que tous les horodateurs de différents quartiers de la capitale où je me suis rendue, arboraient une petite pastille rouge indiquant qu'on ne pouvait plus y insérer de pièces. Avec, parfois, une invitation à trouver un autre horodateur dans le voisinage. Après une quête aussi épuisante que vaine dans les rues adjacentes, dotées de spécimens identiques, je me suis adressée à un agent de la circulation qui m'a expressément invitée à acheter une carte de stationnement dans un bureau de tabac. Les raisons de cette contrainte supplémentaire? Trop de machines vandalisées, selon les uns. La préparation à l'euro, selon les autres. Voire, aux dires d'une contractuelle, l'occasion d'enrichir les buralistes… Qu'importe, ce qui m'exaspère le plus c'est le manque total d'information

concernant cette nouvelle mesure. Rien au journal télévisé, rien dans la presse, aucune campagne d'affichage. Pour les gens qui travaillent, qui ont des contraintes, des rendez-vous et qui ne sont pas au courant, c'est l'amende assurée.
*Suzanne Cohen 94 Ivry-sur-Seine

France Soir, vendredi 20 avril 2001

Questions

1 Qu'est-ce que l'auteur de cet extrait a constaté récemment à Paris au sujet des horodateurs? (2)

2 Qu'est-ce-qui est proposé aux propriétaires de véhicules sur certains de ces horodateurs? (2)

3 Est-ce que la recherche menée par l'auteur de cet article a été un succès? Pourquoi? (2)

4 A qui a-t-elle demandé des renseignements et qu'est-ce que cette personne lui a proposé? (3)

5 Quelles sont les trois raisons données pour expliquer le problème de fonctionnement de la plupart des horodateurs? (3)

6 Pourquoi est-ce que l'auteur de cet article est surtout en colère? (2)

Total: /14

Translation

Texte: 'Amnesty's work is never done'

Traduisez l'extrait ci-dessous en français.

This year, Amnesty International turns 40. Since 1961, the voluntary organisation has been campaigning for human rights, urging people to write letters and contact their local MPs about violations of the Universal Declaration of Human Rights. It has been working to abolish torture and the death penalty, lobbying on behalf of prisoners of conscience, campaigning for fair trials for all political prisoners and attempting to prevent the executions and ominous 'disappearances' of many persecuted people across the globe.

Guardian Education, Tuesday May 29th 2001

Mark: /20

Essay writing

Répondez à la question suivante en 300–350 mots environ.

Discutez des difficultés que doivent affronter les femmes dans la société actuelle. Selon vous, réussissent-elles à les surmonter?

TRACK
2

Passage 1 (for interpreting purposes)

A Puis-je me présenter? Je m'appelle monsieur Petit. Je suis français de Nice dans le sud de la France, et je suis médecin. /C'est la raison pour laquelle je suis venu ici à cette conférence pour promouvoir le mode de vie positif du sud de la France sur la santé des gens./

B I am pleased to meet you Mr Petit and to be sitting at your table./I am Mr Johnson, it is an opportunity to be here next to you/as I am very interested in moving to France for health reasons./

A Vraiment? Où pensez-vous vivre en France? Dans le sud?/Comme je vous l'ai dit, je viens de Nice et personnellement, je pense que la région du sud est très bénéfique à la santé des gens./Les habitants sont très chaleureux et accueillants et, bien sûr, le temps est un facteur positif./

B Actually, Mr Petit, I was thinking of settling somewhere in the north of France, maybe near Paris./I know that Paris has got very good hospitals and I would be closer to England./I am not a good traveller./

A Je ne vous conseille pas d'aller dans le nord./Le climat est très semblable à celui de l'Angleterre/et en plus, c'est la région de France où la population est en plus mauvaise santé/. La consommation d'alcool et de cigarettes est très élevée./De plus, si vous êtes intéressé par les cures, il n'en existe pas beaucoup dans le nord./

B Really! I thought that, being closer to England, I would not be homesick/and I would be able to visit my friends often, which has got to be beneficial to my health./ I was also told that people from the north of France are a lot more friendly than those living in the south of France./Please, do not be offended!

A C'est vrai mais dans le sud les gens sont plus détendus, grâce au soleil/et surtout la nourriture est meilleure, moins grasse./On cuisine beaucoup à l'huile d'olive ce qui est bon pour le cœur./

B Yes but you drink a lot of pastis/and too much sun can damage your health and give you skin cancer.

A Vous vous inquiétez trop. Je pense que vous avez simplement besoin de vacances ou peut-être d'une cure./Nous avons d'excellents centres de thalassothérapie/à Cannes./Pourquoi ne venez-vous pas essayer et décider si vous voulez rester?/

B I think that this is the best option./I am not sure any more about living in the north of France./

A Excellent! Je vous laisse mon numéro de téléphone/et quand vous voulez venir, donnez-moi un coup de téléphone et je vous aiderai./

Passage 2: Lionel Jospin

A quelques jours du troisième anniversaire de son installation à Matignon, Lionel Jospin affiche une forme olympique. Tous ceux qui l'ont approché ces derniers jours, et notamment les ministres qui ont déjeuné à sa table le jeudi 25 mai, décrivent un homme souriant, détendu, confiant. Heureux d'être là et ne s'en cachant pas. Comment ne le serait-il pas? Mauroy et Rocard, les deux seuls qui comme lui, ont passé le cap des trois ans à Matignon, avaient terminé à bout de souffle. Lui reste populaire. Il est même le seul chef du gouvernement depuis 1974 à ne jamais être descendu au-dessous de 50%.

En prime, il reçoit le plus beau des cadeaux d'anniversaire: le chômage tombe au-dessous de la barre symbolique des 10%. A lui seul, l'événement illustre une réussite que personne, pas même le Premier ministre ne pouvait envisager en 1997. Les perspectives économiques paraissaient alors si sombres et les contraintes européennes si fortes que Chirac avait dissout une chambre introuvable. En ce printemps 2000, tous les clignotants sont au vert.

Jospin et son gouvernement ont eu de la chance, dira-t-on. La forte croissance mondiale est pour beaucoup dans leurs performances. Sans doute. Mais cela n'explique pas tout. Le volontarisme du Premier ministre qui a précédé le retour de la croissance a joué, lui aussi.

Il continue d'accompagner la reprise. La meilleure preuve: 40% de la baisse du chômage sont dûs aux emplois-jeunes et aux 35 heures. D'ailleurs, les Français ne s'y trompent pas. Ils créditent Jospin de l'embellie: 67% approuvent son action.

Le Nouvel Observateur, 1er juin 2000

Passage 3: le départ précipité du général Nezzar

Le général algérien, Khaled Nezzar, aurait quitté la France dans la nuit de mercredi à jeudi, ou jeudi matin, quelques heures après avoir appris que le parquet de Paris avait ouvert une enquête, à la suite d'une plainte pour tortures, déposée à son encontre, le matin même, par trois personnes. Le départ précipité de l'ex-ministre algérien de la défense, révélé de sources policières, n'a pas été confirmé officiellement. Apprenant la nouvelle, la Fédération internationale des droits de l'homme a aussitôt protesté, déplorant qu'*'aucune mesure conservatoire n'ait été prise pour prévenir cette fuite fortement prévisible'*. Protestation identique des deux avocats des plaignants contre l'ex-ministre algérien. Pour eux, les autorités françaises *'ont choisi d'éluder leurs engagements internationaux, puisque la Convention sur la torture oblige les Etats signataires à prendre toutes les mesures nécessaires pour poursuivre et juger les auteurs présumés de tels faits.'* Interrogé par la presse sur cette affaire, le Quai d'Orsay a fait valoir que le général Nezzar se trouvait *'en mission officielle en France'*, selon les autorités algériennes, qu'il était porteur d'un passeport diplomatique, et que la décision d'une levée de son immunité diplomatique *'relevait de l'autorité judiciaire'* et d'elle seule.

L'argument d'une *'mission'* de Khaled Nezzar, général à la retraite, n'occupant plus aucune fonction officielle en Algérie, n'avait aucune chance de convaincre les défenseurs des droits de l'homme. De son propre aveu, le général était venu en France pour faire la promotion de son dernier livre. En présentant son livre, il avait refusé de réagir à l'annonce, faite une heure plus tôt, de la plainte pour tortures déposée par trois ressortissants algériens. C'est la première fois que la France se trouve saisie d'une plainte contre un ancien haut responsable algérien. En principe, la justice française ne peut pas se mêler de faits commis par des étrangers en territoire étranger. Mais la Convention des Nations unies contre la torture de 1984 a donné aux pays qui l'ont ratifiée une possibilité de compétence '*universelle*', afin d'empêcher que les tortionnaires trouvent refuge en territoire étranger et bénéficient de l'impunité.

Le Monde, 28 avril 2001

Passage 4: les viticulteurs du Languedoc protestent contre l'Europe

Aux prises avec la concurrence '*déloyale*' de mélanges de vins européens, 700 viticulteurs de Languedoc-Roussillon ont manifesté, vendredi 11 août, dans l'après-midi, à Montpellier, à l'appel commun des dirigeants des caves coopératives et des caves particulières, devant la préfecture. Ils réclament '*des mesures exceptionnelles*', ainsi que l'autorisation de distiller 1,5 millions d'hectolitres de vin.

Après avoir connu, au cours des quatre dernières années, une augmentation de leurs recettes d'environ 35%, les vignerons languedociens font face à un retournement de conjoncture. A l'approche des vendanges, 40% de la récolte de 1999 des vins de table et des vins de pays n'ont toujours pas trouvé d'acheteurs. D'une part, les marchés américains et britanniques se sont fermés; d'autre part, des produits issus de mélanges – les vins de différents pays de la Communauté européenne (VDPCE) – pèsent de plus en plus lourdement sur le marché. Ils sont proposés aux négociants à un prix inférieur de moitié à celui des vins de table français.

Cette pression sur les prix est jugée d'autant plus intolérable que l'élaboration de ces vins est souvent opaque: '*Aucune provenance n'est indiquée*, proteste Denis Verdier, président national des coopératives viticoles. *Alors, il suffit d'un fond de cuve de Sicile, un autre de la Manche et d'une correction chimique, et le produit obtenu se vend à des prix cassés.*' Les responsables viticoles estiment que les services de la répression des fraudes contrôlent insuffisamment la circulation et la composition des VDPCE.

Une délégation de l'Office des vins demandera, le 25 août, à Jean Glavany, ministre de l'agriculture, de prendre une initiative d'envergure européenne. M.Verdier a déjà demandé à Franz Fishler, commissaire européen chargé de l'agriculture et de la pêche, d'ouvrir le dossier '*afin de protéger la filière*' contre les pratiques frauduleuses de certains négociants.

Le Monde, 13 au 14 août 2000

Passage 5: le surbooking

Gilles Nicoli, vous travaillez pour Air Liberté et vous êtes secrétaire national du syndicat des transport aériens CFDT. La pratique du surbooking, que l'on retrouve chez toutes les compagnies aériennes, est-elle plus forte cet été?

Les compagnies surbookent comme les autres années, mais c'est vrai que cet été s'est révélé particulièrement difficile à gérer. Pour parvenir à faire le plein des vols en période de pointe, les compagnies sont obligées de surbooker. Seulement, leurs calculs ne peuvent pas tout prévoir. L'organisation du travail à flux tendu couplée à des incidents techniques n'ont fait que rajouter au mécontentement des passagers. Quand c'est un vol intérieur d'une heure, le personnel au sol peut les faire repartir dans les trois heures qui suivent. Mais la véritable difficulté concerne les vols long-courriers. Pour rejoindre une destination à l'autre bout du monde, en cas de surbooking, les clients peuvent attendre entre douze et trente-six heures. C'est là que la situation devient vraiment ingérable pour les employés d'escale.

Le personnel d'escale d'Air France à Roissy a manifesté son 'ras-le-bol' des situations créées par le surbooking en organisant deux journées de grève cette semaine. La situation est-elle vraiment devenue intenable?

Les conditions dans lesquelles travaille le personnel des compagnies aériennes sont lamentables. Le personnel au sol subit une véritable pression de la part des usagers, mais aussi des compagnies. Avec les derniers incidents liés au surbooking, la violence est devenue physique. La semaine dernière, des passagers mécontents ont envoyé des chariots à la tête d'agents de compagnies aériennes. Devant cette violence, certains employés sont venus travailler avec des gardes du corps, à Orly. Quand la situation est devenue trop critique, des CRS sont venus les protéger. Quant à l'agression verbale, elle est devenue quotidienne.

Que faut-il envisager pour calmer ces passagers furieux d'être laissés en plan?

Il faudrait être plus nombreux pour calmer les esprits et pouvoir expliquer ce qui se passe. Il est aussi essentiel que le personnel soit qualifié et compétent. Il faudrait plus de vacations et des rythmes de travail plus raisonnables. Aujourd'hui, les cas de dépressions nerveuses ne sont pas rares, j'ai vu des collègues craquer. Pour le surbooking, je ne vois qu'une seule solution: que les responsables des compagnies fassent payer les réservations. Aujourd'hui, les passagers réservent sur deux ou trois vols différents, sans annuler après. C'est pour ça que les compagnies aériennes prennent en compte un certain taux de désistement.

Le Monde, 13 au 14 août 2000

Passage 6: Yahoo!: droit national contre réseau mondial

Comment faire respecter le droit national sur Internet, univers transnational par excellence? La justice française se heurte à cette question depuis qu'elle a ordonné, le 22 mai, au géant américain Yahoo! de '*rendre*' impossible l'accès pour les internautes français, à son site de vente aux enchères parce qu'il propose notamment des objets nazis.

Le juge des référés, saisi par trois associations antiracistes, avait alors estimé que de tels objets constituaient '*une offense à la mémoire collective du pays.*'

Depuis, la justice cherche à savoir s'il est techniquement possible de contraindre un prestataire, qui en plus est installé aux Etats-Unis, à interdire l'accès à l'un de ses sites quand son contenu est en infraction avec la loi française.

Après une première audience en juillet, le juge des référés du tribunal de grande instance de Paris, Jean-Jacques Gomez, a ordonné, vendredi 11 août, une expertise par un collège de trois spécialistes. Ceux-ci devront rendre leurs conclusions le 6 novembre. Très suivie aux Etats-Unis, cette affaire pourrait créer un précédent en instaurant pour la première fois des frontières, et une notion de nationalité, sur le Web.

Le Monde, 13 au 14 août 2000

Passage 7: Dépressif et discret

Première partie

Les parents d'Abdel, l'auteur présumé de trois meurtres et de quatre agressions au couteau à Saint-Denis, près de Paris, témoignent.

'*Notre fils était un enfant très discret*' se souviennent les parents d'Abdel. '*Il n'a jamais usé de la violence sur ses frères et sœurs*', ajoute à son tour, Mounia, sa sœur aînée. La famille d'Abdel Ben Abdel Kader, installée depuis trente ans à La Courneuve parle. Logée au deuxième étage d'un petit immeuble modeste du quartier pavillonnaire de La Courneuve, elle vit dans l'attente d'un jugement.

Dans l'appartement guetté par la vétusté, la maman se réfugie d'abord dans la cuisine à l'abri des regards et de la discussion. A côté, dans le salon, les trois petits enfants s'amusent à sauter sur les deux canapés en tissu.

'*Vous imaginez l'anxiété dans laquelle nous baignons depuis cette terrible nuit,* raconte fiévreusement le père, 61 ans, employé à la mairie. *A minuit, j'ai reçu un premier coup de fil qui me prévenait de la mort d'un oncle au pays. Et à deux heures du matin, la police m'annonçait l'arrestation de mon fils. Pour un seul homme, c'est trop.*'

Deuxième partie

Abdel, 35 ans, venait d'être interpellé après avoir agressé au couteau quatre personnes à Saint-Denis dont une est décédée. Il est aussi soupçonné de deux autres meurtres perpétrés il y a un mois dans le même secteur.

Sa famille reste impuissante à s'expliquer la folie meurtrière qui s'est emparée de leur fils. Après un BEP de fraiseur, Abdel Kader est employé comme coursier pendant quatre ans. Il décide ensuite de créer sa propre entreprise de bâtiment qui fera faillite pour finalement devenir chauffeur-livreur à Roissy.

Silence… A contrecœur, le père avoue que son fils a eu maille à partir avec la justice à l'âge de 25 ans. *'Il a écopé de 7 mois de prison pour avoir agressé un camarade',* explique-t-il, gêné.

La mère vêtue d'une djellaba et d'un turban bleu ajoute en arabe: *'En prison, mon fils a été frappé puis enfermé dans une chambre noire pendant une semaine. Ça l'a complètement déglingué.'*

A sa sortie de prison, Abdel est effectivement interné, deux mois durant à l'hôpital psychiatrique Ville-Evrard de Neuilly-sur-Marne. Ensuite, le jeune homme subira en quelques mois trois crises successives et sera suivi de 1993 à 1997, par un psychiatre.

L'hiver dernier, Abdel s'isole. Sa mère lui suggère de retourner voir le psychothérapeute. En vain. Mounia, 36 ans, tente elle aussi de renouer contact avec son frère. *'Mais personne ne pouvait l'aider',* disait-il. Et puis, il nous regardait bizarrement. On sentait bien qu'il était malade de la tête. Parfois, il lui arrivait de rire tout seul, sans raison. J'ai voulu l'emmener voir un autre psychiatre à Saint-Denis mais ce médecin a refusé de le consulter.

France Soir, 20 avril 2001

1 Speaking skills (based on a French stimulus)

En utilisant cet article, présentez le thème de la religion en France et essayez d'imaginer d'autres sujets de discussions résultant de ce thème et de l'article.

'Une chance à saisir pour l'islam'

Here is an example of an introduction to your discussion and some possible related discussion topics:

'Il s'agit du ministre de l'intérieur Jean-Pierre Chevènement qui a pris la décision d'écouter les musulmans de France en les invitant à une réunion. En se mettant à leur écoute, il espère mieux intégrer la religion musulmane dans la société française et ainsi, cesser de l'exclure. De son côté, la communauté musulmane ne demande qu'une intégration le plus tôt possible. Ses membres sont prêts à devenir des citoyens à part entière et veulent s'organiser en tant que tels. Un de leurs souhaits est surtout d'enseigner leur religion aux jeunes et aux femmes, dans les écoles et dans les prisons.'

Thèmes à discuter: les différentes religions (en France et ailleurs)/les guerres de religion

Thèmes qui en découlent: les jeunes et leurs croyances/la religion dans l'éducation/la religion et la pauvreté/le crime

Grammar: asking questions

1 Comment est-ce qu'il est? Comment est-il?

2 Pourquoi est-ce que tu as décidé de travailler? Pourquoi as-tu décidé de travailler?

3 Quand est-ce que vous partirez? Quand partirez-vous?

4 Quelle robe est-ce que tu préfères? Quelle robe préfères-tu?

5 Est-ce que tu es content d'avoir pris cette décision? Es-tu content d'avoir pris cette décision?

6 Qu'est-ce que tu es en train de faire? Qu'es-tu en train de faire?

7 Où est-ce que l'université se trouve? Où se trouve l'université?

8 Qui est-ce qui vient d'arriver? Qui vient d'arriver?

9 Laquelle des jumelles est la plus intelligente?

10 Est-ce qu'ils sont du même avis? Sont-ils du même avis?

2 Speaking skills: reporting and discussing (based on an English stimulus)

You are on holiday with a French friend in England and you have read the following article in English. Your friend would like to know what the article is about. Therefore, you must give him/her the content of the story with the main points in French.

Here is an example of how you could have reported the task:

'Cet article expose une dispute de nature féministe entre deux membres politiques, John Prescott, politicien britannique et Dominique Voynet, femme politique française. Cette dernière accuse Prescott de s'être comporté de façon masochiste durant une conférence récente. Bien que M. Prescott ait été très sarcastique en réponse à cette attaque, et bien qu'il ait obtenu le soutien de certains de ses collègues, il s'est vu confronté à d'autres qui ont favorisé l'argument de Mme Voynet, disant que Prescott n'aurait pas attaqué un homme de la même façon. Cependant, certaines femmes pensent que de dures négociations en politique sont nécessaires et que si les femmes veulent être sur un pied d'égalité, elles ne devraient pas utiliser l'argument du féminisme mais au contraire, agir sans pitié.'

Thèmes à discuter: les femmes dans la politique/les femmes au travail/le harcèlement sexuel

Grammar: negative sentences

1 Il n'est pas parti hier matin/he did not leave yesterday morning.

2 Nous n'avons guère d'argent à la banque/we have got hardly any money in the bank.

3 Tu n'as qu'une dissertation à écrire/you have only one essay to write.

4 Il n'y aura personne ce soir pour la fête/there will be nobody tonight at the party.

5 Je préfère ne pas sortir ce soir/I prefer not to go out tonight.

6 Mes parents n'ont aucune connaissances/my parents do not have any acquaintances.

7 Ils n'ont rien fait d'extraordinaire/they have not done anything out of the ordinary.

Il ne reste plus de livres à vendre/there are no books left for sale.

Vous n'êtes ni intelligente ni douée/you are neither intelligent nor skilled.

Nos voisins ne sont jamais polis/our neighbours are never polite.

3 Interpreting (French into English/English into French)

Here is the translation of speaker A and speaker B

A) Can I introduce myself. My name is monsieur Petit. I am French from Nice in the south of France and I am a doctor. This is the reason why I am at the conference as I would like to promote the positive side of living in the south of France for people's health.

B) Je suis très heureux de faire votre connaissance monsieur Petit et d'être assis à votre table. Je m'appelle Mr Johnson, c'est une opportunité pour moi d'être ici avec vous comme je suis très intéréssé de déménager en France pour des raisons de santé.

A) Really? Where are you thinking of living in France? In the south? As I told you, I come from Nice and I personally think that the south is beneficial to people's health.

The inhabitants are warm and welcoming and naturally, the weather has to be a positive factor.

B) En fait, monsieur Petit, je pensais m'installer quelque part dans le nord de la France, peut-être près de Paris. Je sais que Paris a de très bon hôpitaux et je serais plus proche de l'Angleterre. Je n'aime pas voyager.

A) I do not advise you to go to the north. The climate is very similar to the English climate and, what's more, it is the unhealthiest region in France. The consumption of both alcohol and cigarettes is very high. And if you are interested in health spas, there are not many of them in the North.

B) Vraiment? Je pensais que, en étant plus proche de l'Angleterre, je ne souffrirais pas du mal du pays et je pourrais souvent rendre visite à mes amis, ce qui est bénéfique à la santé. En plus, on m'a dit que les gens du nord de la France sont beaucoup plus sympathiques que ceux du sud de la France. Ne soyez pas vexé, s'il vous plaît!

A) This is true but, in the south, people are more relaxed, because of the sun, and the food is better, with less fat. People cook a lot with olive oil which is good for your heart.

B) Oui, mais vous buvez beaucoup de pastis et trop de soleil peut nuire à la santé et provoquer le cancer de la peau.

A) You worry too much. I think that you simply need a holiday or perhaps a stay in a health spa. We have excellent thalassotherapy centres near the sea in Cannes. Why don't you come over and try, and see if you want to stay?

B) Je pense que c'est la meilleure option. Je ne suis plus sûr de vouloir vivre dans le nord de la France.

A) Great! I'll give you my phone number and when you want to come, give me a call. I'll help you.

Grammar: demonstrative/possessive pronouns and adjectives

1. mes
2. mon
3. ses
4. leur
5. la mienne
6. celle
7. notre
8. celle-ci
9. cet
10. cette

4 Translating (from English into French)

Traduisez le passage suivant en français.

Jeudi dernier, Jean-Yves Rodier, un élève de Calais, âgé de 14 ans, est décédé sur le chemin de retour de l'école après s'être fait poignardé. Il semble que, d'après certains de ses camarades de classe, il s'était fait tyrannisé depuis un certain temps et il avait essayé d'en parler à un prof mais sans succès. Il apparaît que les tyrans étaient exceptionnellement jeunes, plus jeunes que Jean-Yves, ils avaient environ 11 ans. Ses parents, éperdus de douleur, se souviennent de leur fils comme un enfant calme et très intelligent. Le directeur de l'école dans laquelle il étudiait, déclare: 'Jean-Yves était un de nos meilleurs élèves.'

Il est triste de constater que la violence, menant à la mort, a atteint la grille de l'école.

Grammar: comparative/superlative, quantifiers/intensifiers

1 Tu parles plus vite que moi.

2 Elle parle mieux que son frère.

3 Nous étudions moins de 10 heures par semaine.

4 Il travaille de moins en moins récemment.

5 Les hommes conduisent plus dangereusement que les femmes.

6 Tu es aussi belle que ta mère.

7 Son histoire est meilleure que la tienne.

8 Cette étudiante est la plus faible du groupe.

9 Les filles sont pires que les garçons.

10 Cette discussion est celle qui nous intéresse le plus.

11 Il y a suffisamment/assez d'activités dans ce quartier, peut-être trop.

12 Il travaille tellement/si dur qu'il s'est presque évanoui hier.

13 Nous avons tant/tellement de nourriture.

14 La plupart des gens sont égoïstes.

15 Il ne nous a pas donné beaucoup à boire.

5 Planning and researching for coursework

After having read Le Justice en France and using some of your knowledge, think of a suitable title and draw up a plausible plan.

Here is an example of a suitable title for this topic and a plausible plan:

Title: Jusqu'à quel point est-ce que les Français font–ils confiance en la justice?

Introduction

Paragraphe 1: la justice en France et son système judiciaire

a) la justice civile

b) la justice pénale

Paragraphe 2: L'opinion actuelle des Français sur la justice française

a) Le mécontentement des Français envers la justice

b) Les raisons pour ce mécontentement

Paragraphe 3: Les changements du système judiciaire au cours des années

a) La justice au début de la 5ème République

b) La justice sous François Mitterrand

c) La justice sous Jacques Chirac: aucune solution pour la rendre plus amicale?

Conclusion

Grammar: verbs + infinitives/dependent infinitives/impersonal forms

Exercise A:

1 *nothing*

2 à

3 à

4 *nothing*

5 de

6 de

7 à

8 *nothing*

9 *nothing*

10 à

Exercise B:

1 Le juge m'avait fait dire la vérité.

2 L'avocat m'a laissé/me laisse répondre à toutes les questions.

3 J'ai entendu la victime pleurer.
or J'ai entendu pleurer la victime.

4 Il a vu l'assassin tuer la jeune fille.

5 Le jury écoute le témoin donner sa version de l'histoire.

Il est vrai que le système judiciaire français est complexe.

Il ne faut pas s'attendre à oublier ce qui s'est passé auparavant.

Il faut s'élever contre cette décision.

Il importe de comprendre que la police française doit obéir au juge.

Il s'agit d'un article sur l'opinion des Français en ce qui concerne la justice française.

6 Writing a discursive essay

Internet ou navette spatiale? Jusqu'à quel point est-ce que la France est avancée dans ces technologies?

Devrait-elle consacrer plus d'argent à l'un au détriment de l'autre?

Discutez. (350 mots)

Here is a plausible plan for this question:

Introduction: la France et ses technologies actuelles

L'Internet: qu'est-ce que l'Internet? Est-ce populaire parmi les Français?

Les navettes spatiales: une technologie vitale? L'existence des navettes françaises.

Paragraphe 1: La France et sa position dans le monde technologique

a) L'histoire de la technologie française dans les domaines populaires: réputation?

b) L'Internet en France

c) Les navettes spatiales en France

Paragraphe 2: La France devrait consacrer plus d'argent à l'Internet. Pourquoi?

Paragraphe 3: La France devrait consacrer plus d'argent dans les navettes spatiales. Pourquoi?

Conclusion: Le pour et le contre/les deux technologies sont également importantes

L'avenir: l'Internet et les navettes spatiales deviendront-ils des technologies du passé en faveur de technologies inconnues actuellement?

Grammar: the perfect subjunctive

1. soient partis
2. soyons sortis
3. aies perdu
4. ait été
5. aient quitté
6. aie parlé
7. nous soyons amusé(e)s
8. ayez invitée
9. soit arrivé
10. aies écouté

7 Creative writing

As this is an imaginative style of writing, there are no ideal examples to give.

Grammar: the past historic/the imperfect subjunctive

The past historic

1. alla
2. défendirent
3. finîmes
4. eûtes
5. pus

The imperfect subjunctive

1. refusasses
2. écoutassiez
3. fusse
4. partisse
5. nous attendissions

8 Task-based assignment

A letter to a wine grower

Here are the points from the wine grower letter which you are expected to have taken into consideration in your reply:

1 Le vin français ne se vend plus aussi bien qu'avant surtout à l'étranger.

2 Les vins étrangers surpassent les vins français.

3 Les jeunes ne semblent pas être attirés par la profession de viticulteurs.

4 Gevrey Chambertin est un village de Bourgogne. La Bourgogne est réputée pour une bonne production des vins.

5 Ce viticulteur travaille dans le vin depuis 50 ans.

Here are some of the points which you would have liked to see mentioned in the letter but have not been addressed:

1 une rémunération: un peu d'argent de poche peut-être?

2 la possibilité d'aller à des cours de langues (écoles de langues dans la région? coût des leçons?)

3 les transports dans la région (accès facile aux commodités/la ville la plus proche?)

4 les membres de la famille du viticulteur (Est-ce-qu'il existe des jeunes du même âge?)

5 leur connaissance de la langue anglaise (au cas où vous avez des difficultés en français)

6 les soins médicaux/les assurances

A possible letter content could be:

a) présentation personnelle

b) les raisons pour lesquelles tu es particulièrement intéressé(e) par cette offre

c) tes inquiétudes personnelles

d) tes inquiétudes sur le séjour offert (see points mentioned above)

e) conclusion.

9 Listening: la politique en France

'Lionel Jospin'

Écoutez l'extrait numéro 2 du CD. Il s'agit d'un rapport sur la position politique de Lionel Jospin en France en juin 2000. Trouvez cinq phrases qui sont fausses.

Look at the key words or sentences (in red) which should have helped you to obtain the correct answers. Refer to the transcript.

1 F il affiche une forme olympique

2 V les ministres qui ont déjeuné à sa table

3 V ils décrivent un homme souriant, détendu, confiant

4 V passé le cap des trois ans

5 F en prime (= en plus) but 'une prime' = a bonus

6 F pas même le Premier ministre ne pouvait envisager

7 V les perpectives économiques paraissaient si sombres

8 F en ce printemps 2000, les clignotants étaient au vert

9 F 40% not 14%

10 V 67% approuvent son action

Grammar: expressions of time

1 J'ai réussi à terminer ma rédaction en une demi-heure.

2 L'année dernière, mes parents et moi sommes allés en vacances ensemble pendant trois semaines.

3 On m'a dit que tu venais de quitter la cantine quand je suis arrivé(e).

4 Nous l'attendons depuis des jours.

5 Vous vivrez à l'étranger pour quatre ans.

6 Je ne vous connaissais pas il y a cinq ans.

7 Ils viennent juste de téléphoner pour dire qu'ils ne viendront pas ce soir.

8 Elle ne paie pas ses factures depuis janvier or ça fait depuis janvier qu'elle ne paie pas ses factures.

9 Il pourra certainement courir cinq 'miles' en trente minutes.

10 Nous étions sans abri depuis quelques années or ça faisait quelques années que nous étions sans abri.

10 Listening: la France et ses relations européennes et internationales

'Le départ précipité du général Nezzar provoque les protestations des défenseurs des droits de l'homme.'

Listen to extract number 3 of the CD and summarise this report in around 100 words of English.

Here is an example of how you could have summarised this extract:

This extract is about Khaled Nezzar who is a general from Algeria and also used to be in charge of the ministry of defence in his country. According to the report, he seems to have 'escaped' from France where he was staying. Indeed, his departure is reported to have been rushed. It appears that the reason for his decision is a series of complaints made against him, accusing him of crimes, particularly a number of tortures. The plaintiffs feel that they have been let down by France, as according to them, the 'Quay d'Orsay' was aware of Nezzar's intention to leave the country rapidly and they could have stopped him. In response to the accusations the 'Quay d'Orsay' remained passive and claimed that Khaled Nezzar came officially to France and was protected by diplomatic immunity. However, the 'Convention of Nations' gave its members the right to prevent torturers from finding political asylum abroad.

Grammar: the future perfect/the past conditional

The future perfect

seras rentré(e)

aurons décidé

serez réveillé(e)(s)

sera partie

serai endormi(e)

The past conditional

serait venue

aurions pu

serait couché

aurais refusé

aurais dû

11 Exam listening practice

'Les viticulteurs du Languedoc protestent contre l'Europe'

Écoutez l'extrait numéro 4 du CD dans lequel il s'agit de viticulteurs mécontents, du sud de la France, puis répondez aux questions en français.

1 700/viticulteurs/ont manifesté

2 l'autorisation de distiller 1,5 millions d'hectolitres de vin/plus des mesures exceptionnelles

3 les recettes/des vignerons

4 à l'approche des vendanges

5 les marchés américains/et britanniques/les vins de la Communauté européenne

6 moins chers or leurs prix sont inférieurs de moitié à ceux des vins français

7 non/leur circulation et composition/insuffisamment contrôlées

8 de les protéger/contre les pratiques frauduleuses de certains négociants

'Surbooking: indispensable aux compagnies, intolérable aux passagers'

Écoutez l'extrait numéro 5 du CD sur la pratique du 'surbooking' adoptée par les compagnies aériennes françaises et remplissez les blancs avec un des mots de la liste.

1 p

2 m

3 d

4 n

5 e

6 a

7 g

8 h

9 k

10 q

11 l

12 c

13 b
14 r
15 i
16 s
17 t

'Yahoo!: droit national contre réseau mondial'

Écoutez l'extrait numéro 6 du CD qui fait référence à la question du respect du droit national sur Internet et répondez aux questions en anglais.

1 to stop French people having access to one of their sites which auctions items with Nazi origins

2 3 anti-racist organisations

3 some of the items have Nazi origins

4 this auction is considered to be an offence to French history

5 the first hearing

6 it could create borders, a notion of nationality on the Web

12 Synoptic paper

Listening

'Dépressif et discret'

Écoutez l'extrait numéro 7 du CD qui est divisé en deux parties. Écoutez la première partie et répondez aux questions en français.

1 de trois meurtres/et de quatre agressions/au couteau (3 points)

2 les parents d'Abdel (1 point)

3 discret/pas violent (2 points)

4 son jugement (1 point)

5 pour éviter la curiosité des autres or pour être seule (1 point)

6 par téléphone (1 point)

7 l'arrestation de son fils (1 point)

Écoutez la deuxième partie de l'extrait numéro 7 du CD et résumez-la en anglais en 80 mots environ.

Here is an example of the kind of summary you could have written:

Abdel, a young man, was arrested for questioning regarding the assault on four people at knife point. Sadly one of them died. He is also suspected of two murders committed a month earlier. His family has difficulty coming to terms with his actions and cannot explain them. According to his relatives, he used to do well: he was in employment and attempted to set up his own business but everything fell apart. He started to get into trouble with the police when he was 25. His mother claims that he was mistreated in jail which caused him to become depressed. Finally, despite the support of his family, he could not be helped.

Reading

'Horodateurs: l'horreur!'

Lisez le texte et répondez aux questions en français.

1 qu'ils avaient une pastille rouge/disant de ne pas insérer de pièces (2 points)

2 de trouver un autre horodateur/dans les environs (2 points)

- non/les autres horodateurs présentent le même problème (2 points)
- a un gendarme/d'acheter une carte de stationnement dans un bureau tabac (2 points)
- ils sont vandalisés/pour la préparation à l'euro/pour enrichir les buralistes (3 points)
- a cause du manque d'information/et le risque d'amende (2 points)

Translation

'Amnesty's work is never done'

Traduisez l'extrait en français.

Cette année, Amnesty International fête ses quarante ans./Depuis 1961/, cette organisation bénévole a fait campagne/pour les droits de l'homme/et, a pressé les gens/d'écrire des lettres et de contacter leur député/en cas de violation de la Déclaration Universelle des Droits de l'Homme./Amnesty International s'est battue/pour abolir la torture/et la peine de mort/faisant pression/au nom des prisonniers d'opinion, faisant campagne/pour des procès justes/pour tout prisonnier politique/et, en tentant d'empêcher/les exécutions et les disparitions/menaçantes/de beaucoup de personnes sur cette planète.

Essay writing

Répondez à la question suivante en 300–350 mots environ.

Discutez des difficultés que doivent affronter les femmes dans la société actuelle. Selon vous, réussissent-elles à les surmonter?

Here is an example of a detailed plan for this question:

Mots clés: les difficultés

affronter

les femmes dans la société actuelle

réussir

surmonter

Introduction: Passé: les femmes, dans toutes les sociétés, ont été considérées pendant des siècles comme le sexe faible. L'Eglise disait qu'elles n'avaient pas d'âme et n'étaient pas capables de penser.

Présent: les mentalités ont changé mais pas totalement. Les femmes se voient encore confrontées aux misogynes et à l'arrogance du sexe masculin.

Plan de la rédaction: dans un premier paragraphe, nous verrons les avantages d'être une femme dans la société actuelle et comment elles ont évolué.

Dans un deuxième paragraphe, on analysera les difficultés auxquelles le sexe féminin est confronté.

Finalement, il sera nécessaire de réaliser l'importance d'équilibrer le rôle des femmes et des hommes pour le bon fonctionnement de cette société.

Paragraphe 1: les avantages d'être une femme dans la société actuelle

a) la force morale et intellectuelle de la femme

b) les femmes et leurs droits (la loi)

c) l'indépendance financière

Paragraphe 2: les difficultés auxquelles sont confrontées les femmes

a) dans le monde du travail

b) dans la société

c) par la dominance physique de l'homme

Paragraphe 3: l'importance pour les femmes de progresser dans la société actuelle d'une façon équilibrée

a) la mère de famille

b) la femme au travail

c) les rapports hommes-femmes

Conclusion: résumé des points principaux

Opinion personnelle

Question: Est-ce que la femme un jour dominera la race masculine et quelles en seront les conséquences pour l'humanité?

Notes

Acknowledgements

The publishers are grateful to those credited for the
of copyright materials: copyright in all cases is retai
by the copyright holders.